Ernesto J. Weber

Der integrierte Mensch

Eine systemtheoretische Darstellung der Persönlichkeitsentwicklung

Quell Verlag
Stuttgart

Das Manuskript dieser Untersuchung wurde in Englisch geschrieben.
Übersetzung (unter Berücksichtigung einer Rohfassung eines Germanistenteams der Universität Mexico) und Redaktion: Hans-Joachim Pagel

ISBN 3-7918-1601-2

1. Auflage 1987
Einbandgestaltung: Klaus Dempel, Stuttgart
Satz und Druck: Quell Verlag Stuttgart

Inhalt

Einführung

Da Sie dieses Buch schon in der Hand haben, ist es nur fair, Sie in wenigen Worten darüber zu informieren, was ich darin behandle und was mich dazu qualifiziert.
Ich habe versucht, auf dem Gebiet der Persönlichkeitstheorie etwas Eigenes zu finden, indem ich eine gemeinsame Grundlage herstelle für verschiedene Theorien, mit welchen andere versucht haben zu erklären, wie wir und warum wir so funktionieren, wie wir das tun. Es gibt viele Persönlichkeitstheorien, die oft nicht miteinander übereinstimmen. Wie Sie wahrscheinlich wissen, können diese Theorien uns verwirren, wenn wir versuchen, in ihnen so etwas wie ein Grundmuster zu finden.
Ich glaube im Lauf der Jahre ein Schema gefunden zu haben, das vielen Aussagen über die Person zugrunde liegt. Dazu gehören u.a. Ansichten von Sigmund Freud, Carl G. Jung, den Behavioristen und, aus jüngerer Zeit, Autoren wie Carl Rogers und Viktor E. Frankl, die die Erkenntnis (Kognition), die interpersonalen Systeme, das Selbst und die Sinnfrage besonders hervorheben. Der Grundgedanke dieses Schemas besteht darin, daß die Person als ein aktives Ganzes betrachtet wird, welches auf einer Reihe aufeinander einwirkender Bereiche der Persönlichkeit gründet. Einige dieser Bereiche sind eng mit dem Körper verbunden, sehr »biologisch« oder in unserer Entwicklungsgeschichte sehr alt, etwa unsere Grundbedürfnisse, Triebe und Instinkte. Andere wiederum stammen aus jüngster Zeit, wie der freie Wille, das Verantwortungsbewußtsein und die Selbsttranszendenz. Daraus geht hervor, daß ich die Persönlichkeit als eine Hierarchie verschiedener Ebenen betrachte, die den Errungenschaften (den »evolutionären Emergenzen«) entsprechen, die

die Menschheit im Lauf ihrer Entwicklung als Gattung angesammelt hat. Die Entwicklung des einzelnen verläuft ähnlich: Die individuelle und die evolutionäre Entwicklung verlaufen ungefähr parallel. Obwohl dieser Gedanke natürlich nicht neu ist, werde ich ihn doch in einer neuen Weise anwenden.

Leider haben viele der wichtigen Persönlichkeitstheoretiker sich auf einen oder nur einige dieser Bereiche spezialisiert und versucht, die *ganze* Person von diesen Bereichen her zu definieren, wobei sie aber die Person auf etwas reduziert haben, was nur ein Teil von ihr ist. Vorläufig können wir folgende Bereiche aufführen: der Körper und seine Bedürfnisse; Triebe und Instinkte; angelernte Dispositionen; Erkennen (Kognition); das Selbst und seine Beziehung zu anderen; und die Selbsttranszendenz. Interessanterweise entspricht in der neueren Psychologiegeschichte das Auftreten der Persönlichkeitstheorien genau dieser Reihenfolge: Den Anfang bildete Freuds Ansicht, die die Triebe in den Mittelpunkt stellte. Danach kamen die Ideen von Jung über das kollektive Unbewußte und die Instinkt-Archetypen-Polarität, dann folgten der Behaviorismus, die kognitiven Theorien, Theorien über das Selbst »an sich« und jene, die das Selbst im Rahmen interpersonaler Systeme definieren; die Reihe schließt mit der derzeitigen Beschäftigung mit der existentiellen Sinnfrage. Ich glaube, daß alle diese Ansichten im Großen und Ganzen richtig sind; sie werden aber falsch, wenn man versucht, die Person auf eine einzige zu reduzieren.

In diesem Buch werde ich versuchen, einige grundlegende Ansichten über die Persönlichkeit darzulegen, und zwar auf der Grundlage ihrer wahrscheinlichen biologischen Evolution und unter Verwendung einiger Überlegungen, die sich auf die Systemtheorie innerhalb eines humanistischen Rahmens beziehen. Wir werden dabei herausfinden, daß die Evolution uns eine Richtlinie für die Organisation der Persönlichkeit an die Hand gibt, und ich werde dieser Richtlinie folgen bei dem Versuch, einige der oben erwähnten Teilansichten miteinander zu verbinden.

Zu Beginn werde ich die von mir angewandte Untersuchungsmethode darlegen. Dabei werde ich das Verhältnis von Determinismus und freiem Willen besprechen müssen, weil es fundamental ist für jede Persönlichkeitstheorie, sowie auch die sich wandelnden wissenschaftlichen Paradigmen unserer Zeit.
Jemand sagte einmal, daß man das, was man gut versteht, auch klar ausdrücken kann. Man könnte auch andersherum sagen, daß man das, was man nicht klar ausdrücken kann, auch nicht gut versteht. Das beängstigt mich etwas, aber ich werde versuchen, dieses komplexe Gebiet möglichst klar darzustellen. Daß das manchmal schwierig ist, hat folgenden Grund: Wenn man versucht, eine Theorie zu entwickeln, muß dieser Versuch auch mit dem aktuellen Denken in Verbindung gebracht werden, mit dem »Zeitgeist«. Außerdem müssen die Ideen, die man hat, in die Fachsprache des eigenen Arbeitsgebiets und die der interdisziplinär vewandten Gebiete eingekleidet werden. Daraus können sich Ideen und Konzepte ergeben, die für den mit diesen Gebieten nicht vertrauten Leser fremd sind. Ich hoffe, daß Sie damit zurechtkommen, denn sie sind zu einem gewissen Grad unvermeidlich.

Wahrscheinlich haben Sie schon bemerkt, daß ich mich nicht hinter dem kollektiven »wir« zu verstecken suche. Dies aus zwei Gründen: Erstens will ich niemand anderen für das, was ich schreibe, verantwortlich machen, gleich, ob dies nun richtig oder falsch ist. Zweitens betrachte ich es als einen glücklichen Umstand, daß ich mich davon freihalten konnte, mit irgendeiner Ansicht, Tendenz, Schule oder Vereinigung identifiziert zu werden. Sie wissen, wie wichtig es manchmal für gewisse Vertreter eines Berufsstandes ist, sich unter einem farbenprächtigen Banner zusammenzutun und dieser Farbe zum Sieg zu verhelfen. Aber dies hat auch seinen Preis: Man muß bei der Gruppe bleiben und ihre Ansicht vertreten. Das bleibt mir erspart, und deshalb bevorzuge ich es, in der ersten Person zu schreiben. Wenn ich »wir« schreibe, so meine ich damit den Leser und mich.

Vielleicht möchten Sie wissen, warum ich dieses Buch schreibe. Als eklektischer Berater und Psychotherapeut (wobei »eklektisch« hier bedeutet, daß ich mich nicht auf eine einzelne Theorie oder Technik beschränke) weiß ich, daß wir heute eine umfassende theoretische Struktur dringend brauchen, die erklären könnte, warum es so viele und so verschiedene Meinungen darüber gibt, wie man am besten jenen hilft, die mit dem Leben Schwierigkeiten haben, und warum diese Meinungen so oft widersprüchlich sind. Als Student habe ich mich der Reihe nach in jede der wichtigsten Theorien verliebt und wurde, ebenso der Reihe nach, von ihrer Einseitigkeit enttäuscht. Danach stellte ich fest, daß ich mir wohl eine eigene umfassende theoretische Struktur aufstellen muß.
Ich war schon immer brennend daran interessiert, was im Inneren des Menschen vor sich geht. Zuerst glaubte ich, daß die traditionelle Wissenschaft dies Schritt für Schritt aufklären werde (ich habe zuerst Naturwissenschaften studiert). Jetzt ist mir klar, daß wir einige der hundertprozentig sicheren Feststellungen des deterministischen Denkens aufgeben und anerkennen müssen, daß ein Teil unseres Wesens darin besteht, daß wir Sinn entdecken und Neues schaffen können, und daß wir dem in unseren Theorien Rechnung tragen müssen.
Viele der Fragen und Schwierigkeiten, mit denen ich als Professor, als Mitglied der hilfeleistenden Berufe, als Familienvater und Freund zu tun hatte, bleiben ungelöst, wenn man eine Person auf »nichts als« dies oder das reduziert. Ich habe mich inzwischen mit dem Gedanken versöhnt, daß wir vielen »Gegebenheiten« unterworfen sind, die wir kaum ändern können, daß wir uns aber auch täglich neu schaffen können. Ich möchte meine Ansichten gern mit Ihnen teilen.

Ernesto J. Weber

I. Ansatz und Methode dieser Untersuchung

Auf dem Gebiet der Psychologie, Beratung und Psychotherapie ergibt sich immer wieder die quälende Frage nach ihrem Status als Wissenschaften. Dabei gibt es auf diesem Gebiet einen umfassenden Wissensbestand, der auch bei Anlegen strengster Maßstäbe zweifellos als wissenschaftlich bezeichnet werden muß. Zweifel steigen aber auf, wenn wir wahrnehmen, daß viele gelehrte Psychologen einander widersprechen bei so wichtigen Dingen wie der »Natur« des Menschen, der Frage des freien Willens oder der Beschaffenheit der grundlegenden Motive, die das Verhalten bestimmen. Wir können eine Vermittlerrolle einnehmen und einfach sagen, alle hätten recht, und jeder habe einen Teil der Wahrheit erkannt. Wir könnten meinen, man müsse sich eben daran gewöhnen, »Wahrheit« als etwas anzusehen, was unvermeidlich Widersprüche enthält, genauso wie die Physiker sich daran gewöhnt haben, daß das Licht aus Teilchen *oder* aus Wellen besteht. Trotzdem gibt man die Hoffnung nicht auf, die Dinge doch »von oben her« sehen zu können, unter einem höheren Gesichtspunkt, von dem her sich die Widersprüche auflösen. Wenn man solchen allgemeinen Standpunkt der Standpunkte findet, stellt man fest, daß vieles des zuvor Gesagten richtig war und fast ebenso vieles falsch.

Natürlich behaupte ich nicht, der allgemeinere Überblick, den ich gewonnen habe, sei beweisbar. Aber echtes wissenschaftliches Denken muß sich immer wieder auf Hypothesen stützen, die zur Lösung von Widersprüchen beitragen, auch wenn diese Hypothesen mit den vorhandenen Daten nicht überprüft werden können; allerdings dürfen sie dem, was wirklich definitiv feststeht, auch nicht widersprechen. Ich werde also versuchen, ein Modell zu erstellen, welches dazu beiträgt, eine Sicht der Person und ihres Verhaltens zu gewinnen, welche zumindest einige Widersprüche auflöst. Die Ergebnisse sind wahrscheinlich teilweise nicht bewiesen oder nicht beweisbar, sie schließen aber Kenntnisse ein (oder geben ihnen Raum), die derzeit als durch Tatsachen unterstützt gelten. Was an ihnen aber spekulativ ist, stammt aus Gedankengut, das vielen heutigen Denkern nicht fremd ist.

Zum Ansatz – die Grenzen von Reduktionismus und Determinismus

Es gibt derzeit zwei ernsthafte Dilemmas, denen sich die Wissenschaft von der Person gegenübersieht: einerseits ein radikaler Reduktionismus und andererseits ein absoluter Determinismus; beide stehen im Gegensatz zu einem intuitiven Empfinden, das sie ablehnt. Sowohl der Reduktionismus als auch der Determinismus, wenn man sie absolut setzt, beruhen auf Vorurteilen einer langen wissenschaftlichen Tradition, die im 19. Jahrhundert ihren Höhepunkt fand.

Der Reduktionismus stellt die Behauptung auf, daß wir eines Tages genug über die Elemente wissen werden, aus welchen das Universum besteht, und daß wir dann die kompliziertesten Phänomene auf Grundlage dieses Wissens werden erklären können. Ein typischer Vertreter dieser Ansicht ist ein Chemiker, der, wenn er alle Eigenschaften der chemischen Elemente kennt, theoretisch jede Art von Zusammensetzung bilden könnte, einschließlich solch höchst komplexer Verbindungen, wie man sie im genetischen Material findet. Das wird zweifellos in nächster Zukunft möglich sein, doch nicht nur auf Grundlage eines vollständigen Wissens über die Eigenschaften der chemischen Elemente, wie ich später erklären werde. Diese reduktionistische Sichtweise hat sich gut bezahlt gemacht; ein Großteil unseres technologischen und psychologischen Fortschritts ist auf sie zurückzuführen, und viele von uns waren schon davon überzeugt, sie sei der einzige Weg. Das Dilemma, dem man bei dieser Ansicht gegenübersteht, ist dieses: Akzeptiert man diese Theorie, so muß man die Person, ihre Werte und Ideale als »nichts als« eine direkte Folge von Gesetzen ansehen, die die Eskapaden von Atomen, Molekülen, Trieben, Komplexen und was immer diktieren. Das schmeichelt unserem Sinn für Würde kaum. Doch müßten wir unseren Sinn für Würde im Namen der Wissenschaft unterdrücken, falls der Reduktionismus im absoluten Sinn unanfechtbar wäre. Es gibt jedoch gute Gründe dafür, anders zu denken und den Reduktionismus als einen Teilaspekt einer allgemeineren Wahrheit zu sehen. Die »nichts als«-Einstellung hat viele der bestehenden Persönlichkeitstheorien beeinflußt. Jeder neue Einblick in die Dynamik der Persönlichkeit hat (aufgrund des Ansatzes oder als Ergebnis der Methode) dazu geführt, die Person auf unter Schwierigkeiten gewonnene, aber ziemlich nützliche Vereinfachungen dieser Dynamik zu reduzieren. So reduzieren zum Beispiel orthodoxe Freudianer die »ätherischsten« Aspekte des menschlichen Geistes auf sublimierte Grundtriebe; radikale Behavioristen betrachten – sehr verengend – die Neurosen als etwas Angelerntes; ein weiteres Beispiel wäre das System-Struktur-Konzept innerpersönlicher Vorgänge als »black box« im Zusammenhang mit zwischenmenschlichen Beziehungen in Gruppen. Einige Schulen spielen bedeutende Erkenntnisse anderer Schulen einfach herunter; manche orthodoxen Jungianer wollen einfach nicht akzeptieren, daß die zwischenmenschlichen Beziehungen in Gruppen wichtige Faktoren sind, die Persönlichkeitsveränderungen bewirken. Die Theorien, die sich im Rahmen der personzentrierten Konzepte entwickeln, geben nicht viel auf unbewußte Vorgänge. Die Territorien sind recht starr abgegrenzt.

Das zweite Dilemma ist die Entgegenstellung von freiem Willen und absolutem Determinismus. Wissenschaftler in den »strengen« naturwissenschaftlichen Disziplinen schalten dieses Dilemma einfach aus ihrer Arbeit aus. Wer immer Wörter wie »Werte«, »Glaube« oder »Tugend« verwendet, wird sicher von den »strengen« Veröffentlichungen ausgenommen. Aber ist die Ahnung, daß wir bis zu einem gewissen Grad frei sind, wirklich nichts als Phantasie? Ich glaube es nicht. Ich glaube, daß der absolute Determinismus auf einem Vorurteil beruht, nämlich dem, daß das, was wir jetzt sehen, alles ist, was wir je sehen werden. Dieses Dilemma wirft eine so schwierige Frage auf, daß die meisten Psychologen sich für eine der beiden Seiten entschieden haben, entweder den relativen Indeterminismus oder den strengen Determinismus, je nach persönlicher Überzeugung. Meine Ansicht ist eine relativ indeterministische.

Die treibende Kraft, die diese Dilemmas am Leben erhält, ist, daß selbst der eingefleischteste Humanist akzeptieren muß, daß die reduktionistische und die deterministische Einstellung spektakuläre Früchte getragen haben. Diese kognitiven Werkzeuge sind von größtem Wert und müssen eingesetzt werden. Aber wir können Realitätsmodelle aufstellen, die diese Wahrheiten als Sonderfälle einer allgemeineren Wahrheit miteinschließen. Ich werde ein paar triftige Argumente dazu am Schluß dieses Kapitels angeben. Damit werde ich zwar weitgehend von der Persönlichkeitstheorie abweichen, aber ich hoffe, Sie werden nicht ungeduldig, wenn ich dann ein paar spekulative Konzepte und Informationen aus anderen Disziplinen anführe bei dem Versuch, die genannten Dilemmas aus dem Weg zu schaffen.

Die Grenzen des Reduktionismus

Kommen wir nochmals auf den Reduktionismus zurück und untersuchen wir, warum es nicht möglich ist, jemals alles vollständig zu erklären. Das beginnt schon mit einer Reihe von Eigenschaften der grundlegenden Komponenten der Persönlichkeit oder auch des Universums mit einer begrenzten Zahl von fundamentalen Gesetzen, die sie regieren. Der beste Einwand beruht auf einer unvermeidbaren Einschränkung der wissenschaftlichen Tätigkeit: Wir können nur einen begrenzten Bereich der Realität zu einem bestimmten Zeitpunkt analysieren. Als Wissenschaftler müssen wir diesen Teil der Realität von den übrigen Dingen trennen. Genau das geschieht in einem Labor. In einem Labor begrenzen wir die möglichen Variablen, die ein Forschungsobjekt beeinflussen können. Danach legen wir die Eigenschaften und Verhaltensweisen fest, oder auch die Gesetze, die diesen Teil der Realität bestimmen, also das Untersuchungsobjekt, welches wir unser »methodologisches Universum« nennen. Falls wir dieses methodologische Universum erweitern würden, um andere Teile der Realität miteinzuschließen, würden wir bestimmt zu anderen Ergebnissen gelangen, wobei die vorhergehenden, begrenzteren Ergebnisse Spezialfälle wären. Daraus ergibt sich: Wollten wir alle Eigenschaften und Verhaltensweisen einer von uns gewählten Einheit von Elementen bestimmen, so müßten wir unser Untersuchungsobjekt so erweitern, daß es Teile der Realität umfaßt, die wir nicht mehr handhaben könnten. Dieser Gedankengang geht davon aus, wie Sie bemerkt haben werden, daß die Elemente der Realität wechselseitig voneinander abhängen; daß ihr Schicksal (und daher auch die Gesetze, die ihre Verhaltensweise bestimmen) von vielen anderen Elementen beeinflußt werden (einschließlich des Beobachters), ja möglicherweise von allen anderen Elementen des Universums in größerem oder geringerem Ausmaß. Dieses Maß der Wechselwirkung reicht von einem sehr engen Kontakt bis zu einem kaum bemerkbaren, wie zum Beispiel der Auswirkung eines Lichtpartikels, das von einem Stern kommt, auf das Ulmer Münster. Diese Ansichten spielen in der Quantenphysik eine große Rolle[1].

Nehmen wir ein Beispiel aus dem alltäglichen Leben. Man könnte sich die verschiedenen Ebenen der Komplexität vorstellen, die das Schicksal eines Eisenatoms bestimmen, und zwar so: Das Atom Eisen wird aus der Grube geholt, wird veredelt und in einer Autoachse verarbeitet. Dieses Auto kommt nach Frankfurt

oder München, je nach der Vertriebspolitik des Autoherstellers. Wenn das Auto nun Ihnen gehört, kann es lange in Betrieb sein oder auch bald verschrottet werden, je nach Ihren Fahrkünsten. Vom Schrotthaufen kommt es dann zum Kugelstoßen in die Hand eines Athleten der Olympischen Spiele usw. Sie können die mögliche Schicksalsbahn des Eisenatoms selbst weiterspinnen (und werden sie wahrscheinlich nie richtig erraten). Offensichtlich hängen die Möglichkeiten von der Größe des Untersuchungsfeldes ab. Um beim Beispiel des Eisenatoms zu bleiben, als Teil des Autos: Man kann es auch als Teil eines Fortbewegungsmittels beschreiben, als Teil eines Todesinstruments, falls jemand mit diesem Auto einen tödlichen Unfall hat, oder auch eines Vergnügungsmittels. An all diesen verschiedenen Eigenschaften kann das Eisenatom teilhaben. Daher beeinflußt die Auswahl des Aktionsbereiches Ihres Studienobjektes sowohl die Eigenschaften desselben als auch die Gesetze, die dieses Atom regieren. Können wir da allen Ernstes die reduktionistische Ansicht als die einzige Möglichkeit verteidigen?
Sie können auch einwenden, daß all diese komplexen Vorgänge die Eigenschaften des Eisenatoms nicht wirklich beeinflussen. Mag sein. Aber ich möchte Ihnen ein »wissenschaftliches« Beispiel geben, das beweist, daß sehr komplexe Phänomene die Eigenschaften beeinflussen, die wir vielen Elementarteilchen zuschreiben. Die Physiker haben schon seit langer Zeit versucht, die Elementarteilchen des Universums zu identifizieren. Zuerst waren es die Atome. Dann die Protonen und Neutronen (die jetzt zur Familie der Hadronen gehören) und die Elektronen, die um sie kreisen (und nun zur Familie der Leptonen gehören). Die Hadronen wurden dann wiederum unterteilt in Quarks zu je sechs »Farben« und drei »Geschmäckern«. Und in letzter Zeit hält man auch die Quarks wiederum für zusammengesetzt aus Teilen, die man Subquarks, Rischome und anders nennt (wird das jemals aufhören?). Haim Harari, der die Rischomenhypothese vorantrieb, hat seine Definitionen zum Teil so angelegt, daß er erklären kann, warum das Universum hauptsächlich aus

Materie und kaum aus Anti-Materie besteht[2]. Mit anderen Worten, die Ansichten über das ganz Große (das Universum) beeinflussen die Art, wie wir die kleinsten Elemente, die wir gerade noch wahrnehmen können, definieren. Außerdem sind diese Definitionen auch noch abhängig von der Einstellung des Beobachters.

Wenn es um die Untersuchung komplexer Phänomene geht, wird immer deutlicher, daß die vollständige Information, die wir benötigen, um Phänomene wie das Leben zu erklären, nicht nur in irgendwelchen Grundkomponenten zu finden ist, die wir völlig verstanden zu haben glauben. Es wird auch deutlich, daß wir die Suche nach Wissen von beiden Enden in Angriff nehmen müssen: sowohl von den Gesetzen her, die die komplexen Dinge bestimmen, als auch von denen her, die das Elementare bestimmen; und dann müssen wir versuchen, die beiden Enden zusammenzubringen. Ein gutes Beispiel dafür ist die Gen-Technik. Kein Genie der Chemie, ganz gleich wie bewandert es auf dem Gebiet der organischen Chemie auch sein mag, könnte den genetischen Code entschlüsseln und künstliches Leben fabrizieren, ohne die Evolutionstheorie zu kennen, die Mendelschen und andere Gesetze, die aus komplexen und nicht nur aus einfachen Vorgängen abgeleitet wurden.

Der systemische Ansatz

Kommen wir auf unser ursprüngliches Studienobjekt zurück, die Persönlichkeit: Ist die Vermutung überflüssig, daß die komplexen Teile des Menschen, die »höheren Funktionen«, die Beschaffenheit und das Verhalten einer Person genauso bestimmen wie die elementareren? Müssen wir wirklich ein paar Grundelemente finden, die uns bestimmen und von denen wir – in reduktionistischer Weise – unsere Einstellungen und unser Verhalten ableiten? Die oben angeführten Argumente müßten ausreichen, uns von dieser Ansicht abzubringen. Ich will aber noch ein Beispiel bringen. Damit ein Symphonieorchester funktioniert, muß ein bestimmtes Schema vorliegen. Falls einzelne Elemente fehlen oder nicht in einer ganz bestimmten Weise dem Ganzen des Orchesters zugeordnet sind, ist das Orchester nicht funktionsfähig. Wenn keine Instrumente vorhanden sind (oder wenn sie willkürlich an die Künstler verteilt werden), haben wir kein Orchester. Wenn die Musiker kein Gehalt bekommen, wird es nicht lange dauern, bis sich das Orchester auflöst usw. Die Künstler, der Dirigent und die Instrumente sind zu etwas zusammengeschlossen, das (nur) als Ganzes funktioniert und nicht nur die Anhäufung dieser Teile ist. Außerdem: dieses funktionierende Orchester hätte auch durch eine noch so genau durchgeführte Untersuchung der Charakteristika seiner Bestandteile nicht vorhergesagt werden können. Selbst wenn ich »alles« über jeden einzelnen Musiker, den Dirigenten und die Instrumente weiß, weiß ich über das Orchester als Ganzes noch nicht alles. Es ist etwas »Neues« dazugekommen. Gehen wir nun über das einzelne Orchester hinaus und betrachten es als Partner einer Reihe von Konzertdirektionen und Werbeagenturen. Das Schicksal des ganzen Orchesters wie auch das eines einzelnen Violinisten, zum Beispiel, hängt von größeren Systemen auf höheren Ebenen ab, etwa einer Konzertagentur. Wären wir sehr gute Hellseher, könnten wir das Schicksal unseres Violinisten immer genauer herausfinden, je nach der Größe unseres »methodologischen Universums«. Wir kämen auch zu dem Schluß, daß sein Schicksal von den Agenturen abhängt, mit welchen das Orchester zu tun hat. Umgekehrt könnten wir ebenso feststellen, daß auch das Schicksal unseres Orchesters und der Agenturen – obwohl in geringerem Maß – von den Handlungen des Violinisten abhängt. Das heißt, das Ganze beeinflußt seine Teile und die Teile das Ganze, und jedes Ganze ist ein Teil eines größeren Ganzen. Dieser Grundgedanke ist die Wurzel einiger Denkarten wie der Ganzheitstheorie oder des Holismus, des Strukturalismus, der Gestaltpsychologie, der Kybernetik und der allgemeinen Systemtheorie, die Ihnen vielleicht bekannt sind.

Wenn wir zu dem eben angeführten Beispiel noch hinzufügen,

daß jede der genannten Komplexitätsebenen (Violinist, Orchester, Konzertagentur) noch ihre eigene Struktur hat, die im Zeitablauf beständig bleibt und sich durchhält, kommen wir dem Konzept nahe, das für das weitere Verständnis dieses Buches dienlich ist, dem Konzept des »Systems«. Ein System besteht aus einer Reihe von Komponenten, die »so und nicht anders« miteinander verbunden sind; die Komponenten sind eng (wechselseitig) voneinander abhängig; sie bilden eine Totalität, die danach strebt, einen »idealen Zustand« zu erreichen (wir nennen diese Tendenz auch »gerichtetes Gedächtnis« oder »Zweck«); es hat Grenzen der Selbstregulierung, über welche hinaus es nicht mehr dasselbe System ist. Jede Gruppe von Komponenten, die Eigenschaften der Selbstregulierung aufweist oder ein »gerichtetes Gedächtnis« hat, bildet ein solches System – von dem gewöhnlichen Thermostaten zur Temperaturregelung im Haus bis zu vielen Kontrollsystemen in unserem Körper. Es gibt aber auch andere Systeme. Multistabile Systeme zum Beispiel haben mehr als einen möglichen Idealzustand und können von einem zum anderen übergehen, wenn die Grenzen des vorhergehenden erreicht sind. Lebende Organismen, die sich anpassen, gehören zu diesem Typus. Auch der lebende Organismus, der sich im Entwicklungsstadium befindet, zeigt diese Multistabilität, allerdings mit einer starken Tendenz zu einer wachsenden Ordnung, was man zum Teil bei der Metamorphose bestimmter Insekten sehen kann.

Aus den erwähnten Beispielen ersehen wir, daß die Eigenschaften, Gesetze und Schicksale, die zu jedem System (auf jeder Komplexitätsebene) gehören, teilweise von größeren Systemen abhängig sind; jedes System ist in ein größeres System eingebaut und dieses wiederum in ein noch größeres usw. – scheinbar geht diese Kette unaufhörlich weiter und überschreitet unser Vorstellungsvermögen.

Der wichtige Punkt dabei ist, daß wir es jetzt nicht mehr nur mit einem Bestimmungsfaktor »von unten« zu tun haben (Reduktionismus), mit konstituierenden Elementen, sondern auch mit einem solchen »von oben«, der von dem Neuen stammt, welches die Ganzheit des Systems bildet. Das Ganze eines Systems ist nicht nur einfach die Summe seiner Teile, sondern eine »genau so« geartete Konstellation dieser Teile, die zusammenwirken und so seine Beschaffenheit und sein Schicksal bestimmen. Im strengen Sinn des Wortes handelt es sich dabei um eine organismische Systemanschauung.

Die Grenzen des Determinismus

Damit kommen wir nun zu dem Dilemma »Determinismus oder freier Wille«. Es scheint (und das auch zu Recht), daß wir bisher einfach nur eine Art von Determinismus (von unten) mit einer anderen, komplexeren (von unten und von oben) ausgetauscht haben, daß aber das Universum und die Lebewesen weiterhin nur einer komplexen Reihe von Gesetzen folgen, in der ein Raum für so etwas wie »Freiheit« nicht auszumachen ist. Die poetische Darstellung dieser traurigen Perspektive in den Versen des Dichters Omar Khayyam sagt alles:

Und diesen umgestülpten Napf nennen sie Himmel,
worunter eingesperrt wir kriechend leben, sterben –
heb' nicht die Augen zu ihm auf, um Hilfe bittend,
denn er bewegt ohnmächtig sich wie du und ich.

Hat das Leben keinen Sinn? Sind wir so ohnmächtig wie Omars Kreaturen? Ich kann das einfach nicht glauben, aus intuitiven und rationalen (wenn auch spekulativen) Gründen. Was den Lebenssinn im allgemeinen betrifft, so ist die folgende (sehr weit verbreitete) intuitive Überzeugung evident: daß der »Baum des Lebens« (Teilhard de Chardin) Ordnung und Komplexität aus dem Chaos geschaffen hat und weiter schaffen wird. Die Biologen haben sich lange den Kopf zerbrochen, um diese Lebenstendenz reduktiv zu erklären; bei dieser Anstrengung müssen sie jedoch zwei unbequemen Tatsachen ins Auge sehen: Die erste ist das zweite thermodynamische Gesetz, welches feststellt, daß alle geschlossenen Systeme (und reduktiv gesehen, werden Lebenssysteme als geschlossen betrachtet) unausweichlich zur Unordnung – und nicht zur Ordnung – tendieren. Die zweite ist der Schluß, den man aus diesem Gesetz ziehen muß: daß die allerersten Lebewesen, die auf der Erde vorkamen, weit geordneter und komplexer gewesen sein müssen als die heutigen Lebewesen auf diesem Planeten – eine kaum haltbare These. Was nun den freien Willen betrifft, so »wissen« wir alle irgendwie, daß unser Schicksal zumindest hin und wieder in unseren eigenen Händen liegt. Tatsächlich gehen alle humanistischen Psychologen bei ihrer täglichen Arbeit von dieser Annahme aus, wenn sie Ausdrücke wie »Selbstverwirklichung«, »Lebenszweck«, »Werte« und »Selbsttranszendenz« verwenden. Jene Psychologen, die glauben, der Mensch habe keinen freien Willen, schreiben zwar theoretische Bücher, in denen sie ihn verneinen; an der Kampffront ihrer Arbeit aber verneinen sie praktisch ihre Verneinung. Täten sie das nicht, dann müßten sie beim Umgang mit ihren Patienten Wörter wie »sollte«, »müßte« aus ihrem Wortschatz streichen (denn ihren eigenen Theorien zufolge handeln ihre Patienten ja schicksalhaft so, wie sie handeln, können also gar nicht anders).

Der »Ort« des freien Willens

Das Modell, das ich verwenden will, schließt den Zweck und die Finalität des sich entwickelnden Lebensbaumes und ein gewisses Maß an freiem Willen der Menschheit ein. Es beruht darauf, daß man über die Dimensionen, die uns vertraut sind, seit wir als Gattung Vernunft haben, hinausgehen muß. Dabei wird angenommen, daß sich unser Verstand bis jetzt nur den Raum (in drei Dimensionen) und die Zeit vorstellen kann, und daß wir gerade dabei sind zu begreifen, daß es in Wirklichkeit wahrscheinlich mehr Dimensionen gibt als die, die wir jetzt »sehen« können. Dabei wird ferner angenommen, daß die wissenschaftlichen Gesetze, die wir bis jetzt entdeckt haben, deshalb so deterministisch wirken, weil sie die einzigen sind, die wir kennen; daß sie spezifische Fälle allgemeinerer Gesetze sind, die mit Zweck und Finalität innerhalb der Evolution und mit freiem Willen der Menschheit übereinstimmen. Der gegenwärtige Versuch, sich diesen Stand der Dinge rational vorzustellen, steckt in den Kinderschuhen und ist noch spekulativ. Er ist jedoch verknüpft mit den Ideen einer Reihe von Denkern, die über die derzeit vorstellbaren Dimensionen hinausgehen wollen, wie zum Beispiel Sir Arthur Eddington, J. W. Dunne, Alan Dobbs, Arthur Koestler und andere. Viele von ihnen haben die Entdekkung Einsteins, daß Raum und Zeit aufeinander bezogen und nicht voneinander getrennt sind, ausgiebig genutzt. Wir können solche Modelle hier nicht in allen Einzelheiten betrachten, das wäre zu langwierig. Ich werde nur summarisch ein Modell beschreiben (ohne mich auf seinen Aufbau oder seine Rationalität zu beziehen), das für den freien Willen Raum läßt.

Das Universum wird betrachtet als durch eine Anzahl von Dimensionen strukturiert, die größer ist als die, die wir kennen, aber nicht unendlich, in einer progressiven Reihe, deren letztes Glied die »aktuelle« oder »reale« Zeit ist. Mit anderen Worten: Das, was wir normalerweise als »Zeit« betrachten, ist nur eine weitere räumliche Dimension, in welcher Zukunft, Gegenwart und Vergangenheit gleichzeitig bestehen und sich in eine »um eins höhere Zeit« (»Hyperzeit«) verwandeln und unter gewissen Umständen wechselweise auf einander einwirken. Eine Information könnte also gelegentlich aus der Zukunft in die Gegenwart fließen, in einem Verfahren, das der Umkehr der Kausalität oder der Zeitumkehr ähnlich ist (einem Konzept, das in der Physik der Elementarteilchen recht häufig vorkommt). Das globale System, welches wir »Leben« nennen, nistet in einem größeren System, welches sich in diese Zeit in Raum verwandelnde Dimension erstreckt. Dieses größere, in die Zeit erstreckte Lebenssystem hat, wie jedes System, einen Zweck, ein »gerichtetes Gedächtnis«. Dieser Zweck strebt wiederum einen Idealzustand an, eine erhöhte Ordnung, Komplexität und Harmonie – nicht in einer kontinuierlichen und koordinierten Aufwärtsbewegung, wie unsere Liebe zum Leben sich das gern vorstellen würde, sondern mit immer wiederkehrenden Rückfällen in einen relativ chaotischen Zustand und in ein absolutes Chaos – den Tod. Pierre Teilhard de Chardin, der diese Vision am klarsten erfaßt hat, nannte jenen Idealzustand den »Punkt Omega«.

Wenn man das Leben also als eine evolutionäre Stufenleiter betrachtet, dann wird es weitgehend von ziemlich mechanisch aussehenden Gesetzen bestimmt, die von der modernen Biologie immer besser erforscht werden. Eine seltsame Wende des Schicksals hat dazu geführt, daß die Physik, einst die große Stütze der Mechanisten, immer abstrakter und unmechanischer wird. Andererseits wird die Biologie, einst Mutterboden für vitalistische und finalistische Aussagen über das Wesen des Lebens, immer mehr zu einem Studium, das sich mit »Uhrwerken« – wenn auch sehr komplizierten – beschäftigt. Aber diese so mechanisch aussehenden Gesetze, die man den Lebensprozessen zuschreibt, beschreiben diese nicht vollständig. Auf einer höheren Ebene weist das Leben einen Zweck und eine Finalität auf, nicht als magische Eigenschaft, sondern als Ausdruck bestimmter Wechselwirkungen, die wir bis jetzt noch nicht klären können. Viele Fragen der Evolutionsbiologie, wie das Problem der »makroevolutionären Sprünge« (drastische Veränderungen in der Evolution, wie zum Beispiel das Auftreten der sexuellen Reproduktion), werden wahrscheinlich nur auf Grundlage von Systemen erklärt werden können, die sich in die Zeitdimension ausdehnen.

Wie steht's nun aber mit dem freien Willen? Wir könnten feststellen, daß bis jetzt unser Modell zwar schon komplexer ist und sogar Raum für Konzepte wie »Zweck« und »Kausalitätsumkehr« läßt, aber immer noch deterministisch bleibt und undurchlässig für jede Art von freiem Willen. Fahren wir also fort mit unseren Argumenten und fangen mit ein paar unmittelbaren Beobachtungen an.

Im Verlauf der Evolution ist der freie Wille nicht gleichzeitig mit dem Erkenntnisvermögen aufgetaucht. Einige Tiere haben bereits ein rudimentäres Erkenntnisvermögen: Sie können Standardsituationen wiedererkennen (mittels »kognitiver Landkarten«); sie können diese mit ihrer augenblicklichen Situation vergleichen und Berichtigungen vornehmen, um Unterschiede zu berücksichtigen; sie können sogar Vermutungen auf ihre Richtigkeit überprüfen. Wenn man einen Affen betrachtet, der in einen Spiegel schaut und vergeblich hinter den Spiegel greift, um den anderen Affen anzufassen, den er sieht, versteht man diese verschiedenen Schritte. Diesen Prozeß kann man Erkennen (Kognition) nennen.

Aber selbst ein viel weiter entwickeltes Erkenntnisvermögen impliziert noch nicht Willensfreiheit. Das wahrhaft Neue, das diese Freiheit mit sich brachte, gab es von dem Augenblick an, als die Menschen fähig wurden *zu wissen, daß sie wußten.* Das nennen wir den Beginn der Selbstbetrachtung, des Selbstbewußtseins und damit des Selbstseins. Wenn man ein wenig über diesen Gedanken meditiert, merkt man, daß er in sich rückläufig ist, und das macht einen stutzig. Von dem »ich weiß, daß ich weiß« kann man weitergehen zu »ich weiß, daß ich weiß, daß ich weiß« und so immer weiter. Das ähnelt dem, was wir sehen, wenn wir zwischen zwei einander gegenüberstehenden Spiegeln stehen, die unser Spiegelbild endlos vervielfältigen, bis es im Nebelhaften verschwimmt. Hier haben wir schon ein Beispiel für etwas, das sich einer rationalen Analyse, wie wir sie kennen, widersetzt, denn es handelt sich um ein Bewußtsein, das sich seiner selbst bewußt ist, und zwar in einer endlosen Reihe. Das nennt man eine »infinite Regression«, und diese Sackgasse war immer schon eine Art von »foul« für das rationale Denken, ein »Stopschild« gleichsam, das uns sagt, daß wir in dieser Richtung nicht weitergehen sollen. Mir scheint jedoch, daß diese Regression nicht endlos ist, sondern daß die Reihe sich gleichsam in sich selbst zusammenfaltet, daß sie *kreisförmig* ist. Gefühlsmäßig ist es richtig zu sagen, daß das Selbstbewußtsein sich in sich schließt, daß es sich dem augenblicklichen Hier und Jetzt ent-

zieht; daß es einen »Brocken« Zeit umschließt (eine »Zeitdauer«), aber in einem Augenblick, und daß es damit der bloßen Gegenwart entgeht und auf sich selbst einwirkt.
Wir wollen versuchen, das mit einem annähernd treffenden Bild zu illustrieren. Stellen Sie sich vor, Sie wären ein Webstuhl, und zwar ein ganz besonderer, der ein schon vorgewebtes Gewebe zu Ende webt. Das in den Webstuhl eingelegte vorgewebte Stück ist Ihre wahrscheinliche Zukunft; es ist, wenn es in den Webstuhl kommt, noch sehr undeutlich gewebt, das Muster ist noch nicht klar zu erkennen. Dort aber, wo sich die Nadeln und das Weberschiffchen befinden (das ist Ihr gegenwärtiges Verhalten), liegt das Muster fest. Nadeln und Schiffchen weben das Tuch zu Ende – das fertige Produkt ist dann Ihre Vergangenheit. Während nun Nadeln und Schiffchen an Ihrer Gegenwart arbeiten, ordnen sie die Fäden des halbgewebten Tuches ständig ein wenig anders neu an und ändern damit das Dessin, das wir Ihre Zukunft nannten. Stellen Sie sich nun das halbfertige Tuch, das in den Webstuhl kommt, als Ihre wahrscheinliche Zukunft vor und die Nadeln und das Schiffchen als die Mittel, die diese Wahrscheinlichkeiten der Zukunft in eine abgeschlossene Wirklichkeit verwandeln. Sie werden dann sehen (wenn wir die Analogie etwas weiter fassen), daß Ihr gegenwärtiges Verhalten die Wahrscheinlichkeiten der Zukunft ändert. Sie werden auch feststellen, daß die allernächste Zukunft wenig Raum für Änderungen bietet, daß aber eine kleine Änderung in Ihren gegenwärtigen begrenzten Wahlmöglichkeiten große Änderungen in Ihrer fernen Zukunft hervorrufen kann.
So weit, so gut. Aber wenn wir nun den freien Willen in die Nadeln und das Schiffchen unseres Webstuhls legen, was bestimmt dann, was diese machen werden? Jetzt wird es spekulativ. Die weiteren Ausführungen kann ich nicht mehr durch mechanische Modelle untermauern, wie ich es in den vorhergehenden Fällen gemacht habe.
Das Selbstbewußtsein geht über die gegenwärtig bekannten Dimensionen von Raum und Zeit unserer konkreten Realität hin-

aus und wendet die vollständige und begrenzte Folge von Dimensionen auf sich selbst zurück – das letzte Glied dieser Folge wird zum ersten Glied. Ich habe früher schon gesagt, daß das letzte Glied dieser Folge immer die »reale« Zeit ist. Sie wird zur Gegenwart, nachdem sie für einen Augenblick ein größeres oder kleineres Stück des seriellen Raum-Zeit-Kontinuums erfaßt hat. In solchem momentanen Wahrnehmen von Dimensionen, die wir normalerweise »Zeit« nennen, hat das Bewußtsein einen (variablen) Zugang zu einer Information, die über die Kausalität hinausgeht, und ist damit in einem gewissen Maß frei. So betrachtet, müßten wir sagen, daß im derzeitigen Entwicklungsstand unseres menschlichen Gehirns Raum ist für die Aufnahme eines (recht kleinen) Teils des seriellen Raum-Zeit-Kontinuums[3].

Vielleicht ist es hilfreich, diese Frage auch noch anders zu betrachten. Auf vielen Gebieten der Forschung von der subatomaren Physik (Heisenbergs Unschärfe-Relation) bis zur Psychologie wird immer deutlicher, daß bei Beobachtung eines gegebenen Objekts immer die Tatsache zu beachten ist, daß das Objekt sich bis zu einem gewissen Grad durch die Beobachtung verändert.

Wenn wir nun unser Beobachten beobachten, wird dies nicht ebenfalls unser beobachtendes Selbst bis zu einem gewissen Grad verändern? Daraus ergibt sich, daß die Nadeln und das Weberschiffchen unseres Webstuhls sich bis zu einem gewissen Grad selbst bestimmen. Zugegeben, die Auswirkungen unseres freien Willens, wie immer er beschaffen sein mag, müssen gering sein im Vergleich zu dem Ausmaß an Begrenzungen, die die Vergangenheit uns auferlegt; gleichwohl kann man sagen, daß unsere wahrscheinliche Zukunft (auf lange Sicht gesehen) sehr empfindlich auf diese Wahlfreiheit reagiert. Das unterscheidet uns von anderen Lebewesen.

Im Verlauf dieses Buches werde ich auch mit dem Postulat arbeiten, daß die Naturphänomene nicht nur durch den Austausch von Energie und Materie (»gefrorene« Energie), sondern auch durch den Austausch von Information vorangebracht werden. Die Gesetze, die den Austausch von Materie und Energie regieren, *sind* Information und sind wirklich »da draußen«. Unsere begrenzte Sicht dessen, was immer wir untersuchen, hingegen gibt unseren wissenschaftlichen Gesetzen den Charakter von »Gesichtspunkten« oder »Aspekten«, unter denen die Realität gesehen wird. Persönlichkeit ist der Aspekt unseres Organismus, der das Schwergewicht auf die Informationsabläufe in ihm legt. Physiologie legt den Schwerpunkt auf die Materie-Energie-Prozesse. Ich werde die Struktur der Persönlichkeit beschreiben, indem ich viele verschiedene Ansichten verwende.

Zur Methode – ein Integrationsversuch

Aus dem Gesagten geht hervor, daß ich die üblichen Wege der Theoriebildung nicht konsequent beschreiten kann. Ich werde nicht versuchen, strenge Hypothesen aufzustellen, da viele voraussichtlich nicht bewiesen werden können. Ich werde auch nicht versuchen, ein Schema aufzustellen, das gemäß den »unabhängigen, einflußnehmenden und abhängigen Variablen« angeordnet ist, wie es von der American Psychological Association empfohlen wird.

Wie schon gesagt, keine Persönlichkeitstheorie kann alle Faktoren des menschlichen Verhaltens in Betracht ziehen. Für jede Theorie gibt es Tatsachen, die ihr widersprechen, und andere, denen sie nicht Rechnung tragen kann. In streng wissenschaftlichem Sinn wäre damit jede Persönlichkeitstheorie wertlos. Faßt man wissenschaftliche Maßstäbe aber zu eng, kann das dazu führen, daß man das Kind mit dem Bade ausschüttet. Deshalb schätzen wir in der Psychologie immer noch Theorien, die sich gegenseitig widersprechen.

Die Art von Theorie, die ich vorlegen werde, ist so richtig, wie sie fähig ist, möglichst viele faktische Beobachtungen zu einem kohärenten Ganzen zu verbinden. Dies werde ich ohne übertriebenen Respekt vor den derzeitigen wissenschaftlichen Paradigmen (den einstimmig akzeptierten Gesetzen des wissenschaftlichen »Establishments«) tun. Ich werde jedoch im folgenden versuchen, die spekulativen Argumente möglichst einzuschränken. Die wissenschaftlichen und philosophischen Prämissen, die dieser Arbeit zugrunde liegen, sind eng verbunden mit der Systemtheorie und der Humanistischen Psychologie.

Zusammenfassung

1. Jeder Aspekt der Realität, den wir untersuchen, einschließlich der Person, muß von der übrigen Realität getrennt werden, um analysiert werden zu können. Das ergibt sich aus der Tatsache, daß wir geistig und technisch nicht fähig sind, so große Teile der Realität zu erfassen, wie wir wünschten. Indem wir unser Studienobjekt damit »isolieren«, finden wir Gesetze und Eigenschaften, die nur Teilaspekte umfassenderer Gesetze und Eigenschaften sind, die wir künstlich ausgeschlossen haben.
2. Das Schicksal jedes Systems kann ebenso »von unten« her bestimmt werden (von den dieses System aufbauenden Elementen her) wie auch »von oben« – von übergeordneten Systemen, in welche das in Frage stehende System eingebaut ist. Die reduktionistische Einstellung (von unten her) ist ein nützliches, aber begrenztes Werkzeug. Die ganzheitliche Einstellung (von oben her) muß ebenfalls für die Persönlichkeitstheorie herangezogen werden.
3. Von einer erweiterten systemischen Annäherung an die Lebensrealitäten her betrachtet, werden Begriffe wie »Zweck«, »Selbstverwirklichung«, »Selbsttranszendenz« zu legitimen Gegenständen wissenschaftlicher Untersuchung. Ein bedingt freier Wille, der das menschliche Schicksal begleitet, gibt Konzepten wie »Verantwortung«, »Gewissen« und »Werte« den gleichen Status.

II. Persönlichkeit und Evolution

Der Hauptteil dieses Buches (Kapitel 3 und 4) befaßt sich mit den evolutionären Ursprüngen der Persönlichkeitssubsysteme und mit der Definition ihrer Funktion innerhalb des Persönlichkeitssystems angesichts der sich aus ihrem Ursprung ergebenden Folgerungen. Dieses Kapitel beschäftigt sich mit einer Reihe von Überlegungen der Evolutionstheorie, um einen Rahmen für das restliche Buch zu erstellen. Zu Beginn müssen wir festlegen, was »Persönlichkeit« im Kontext dieses Buches bedeutet.

Was ist »Persönlichkeit«?

Fast jede neue Persönlichkeitstheorie gibt eine neue Definition des Begriffs »Persönlichkeit« (auch diese Arbeit macht keine Ausnahme). Ich hoffe jedoch, daß die hier dargelegte Definition allgemeinen Charakter hat und in dem Sinn eklektisch ist, daß sie in beträchtlichem Umfang auch die vorhergehenden Definitionen von »Persönlichkeit« miteinschließt. Wie schon gesagt, haben die meisten Persönlichkeitstheorien einen reduktionistischen Anstrich, da sich ihr Interesse hauptsächlich auf bestimmte Teile des Persönlichkeitssystems konzentriert. Außerdem gehen sie meistens einlinig vor, das heißt, sie glauben, daß die Funktionen eines Persönlichkeitssubsystems vollständig verstanden, vorhergesagt und kontrolliert werden können als separate Einheiten, die man voneinander isolieren und durch »input-output«-Funktionen definieren kann. Diese Ansicht ist notwendig und nützlich, führt aber keineswegs zu erschöpfenden

Auskünften, sondern nur zu Teilwahrheiten, da sie die Wechselwirkungen zwischen den Persönlichkeitssubsystemen und dem sich aus ihnen ergebenden Ganzen außer acht läßt.

Ich möchte nun kurz die bekanntesten Definitionen vorstellen[1]. Die Persönlichkeit ist:

»Die dynamische Organisation jener psychophysischen Systeme im Individuum, die sein typisches Verhalten und Denken bestimmen.« (G. Allport)

»Das, was eine Vorhersage dessen ermöglicht, was eine Person in einer bestimmten Situation tun wird.« (R.B. Catell)

»Die Kontinuität funktionaler Formen und Kräfte, die sich in einer Folge von hierarchisch organisierten Prozessen und offensichtlichem Verhalten von der Geburt bis zum Tode manifestiert.« (H.A. Murray)

»Die Integration des Es, des Ich und des Über-Ich.« (S. Freud)

»Der individuelle Lebensstil oder die typische Art, auf die Probleme des Lebens zu reagieren, einschließlich der Lebensziele.« (A. Adler)

»Die Integration des Ich, des persönlichen (und des kollektiven) Unbewußten, der Komplexe, der Archetypen, der Persona und der Anima.« (C.G. Jung)

Diese Definitionen sind in unterschiedlichem Maß reduktionistisch, wobei Jungs Theorie es noch am wenigsten ist. Ihr gemeinsamer Nenner scheint der Versuch zu sein, vier verschiedene Aspekte der Persönlichkeit abzudecken: ihre *Struktur,* womit man das meint, was relativ konstant ist; ihre *Funktion,* das ist die Art, wie sich das System hier und jetzt verhält; ihren *Fortschritt,* damit ist der langsame Strukturwandel gemeint, den wir Entwicklung oder Wachstum nennen; und die *Gesetzmäßigkeit,* die die Persönlichkeit bestimmt und die eine Vorhersage und Beeinflussung des Verhaltens und der Entwicklung ermöglicht. Sieht man sich den Inhalt der Theorien näher an, stellt man fest, daß sie unterschiedliches Gewicht legen auf Eigenschaften, die die ganze Gattung hat, mit Untergruppen dieser gesetzgebenden Eigenschaften (weiblich/männlich, rassisch usw.), und Eigenschaften, die für den einzelnen typisch sind, also idiographische oder idiosynkratische.

Leib und Seele

Die Frage, was Persönlichkeit *eigentlich* ist, hat viele Antworten gefunden. Selbst heute noch stützen sich viele auf einen Unterschied, der so alt ist wie das Bewußtsein und unterschiedlich formuliert wurde als Dichotomie von Körper und Seele, Körper und Geist oder Leib und Seele. Diese kartesianische Dualität wurde in letzter Zeit angegriffen. Viele Denkschulen, einschließlich der psychosomatischen Medizin, der Humanistischen Psychologie, der holistischen oder ganzheitlichen Bewegung und vieler systemischer Richtungen, betonen nachdrücklich die Einheit, Kontinuität und Untrennbarkeit der beiden, manchmal mit fast spinozistischer Leidenschaft. Die alte Ansicht, »körperliche Triebe« seien Hindernisse, die von den »höheren geistigen Kräften« überwunden werden müssen, hat der Ansicht Platz gemacht, daß Körper und Geist nur in ihrer Wechselwirkung aufeinander verstanden werden können; der eine ist ohne den anderen nicht vorstellbar.

Trotzdem teilen wir immer noch die Bereiche unseres Studiums der Person in Disziplinen auf, die oft miteinander nichts zu tun haben: in biologische Untersuchungen wie Physiologie, Anatomie und Genetik und in die verschiedenen Teilgebiete der Psychologie. Natürlich wird es diese getrennten Gebiete immer geben müssen. Was aber so erstaunlich dabei ist, ist ihr wiederholter Anspruch, sie hätten die umfassendste und gültigste »Erklärung« für das menschliche Leben – das jüngste Beispiel für solche Ansprüche gab die Soziobiologie.

Gleichwohl muß es einen qualitativen Unterschied geben, der uns veranlaßt (wie es seit dem Bestehen der Psychologie geschehen ist), sprachlich zwischen »Leib« (Soma) und »Seele« (Psyche) zu differenzieren. Kann dieser Unterschied festgestellt werden, ohne daß man von allzu entlegenen, nicht mehr nachprüf-

baren Konzepten Gebrauch macht? Ich glaube, daß dies möglich ist, sofern wir akzeptieren, daß *Information* für die Existenz ebenso wesentlich ist wie Materie und Energie. Obwohl eine Reihe von Erkenntnistheoretikern diese Ansicht mit Nachdruck vertreten, hat sie noch keine breite Anerkennung gefunden.
Information wird als ein Faktor in der Realität der Dinge gesehen, der nicht in Materie oder Energie übersetzt werden kann. Ja mehr noch: Rein spekulativ könnte man erweisen, daß (ähnlich wie bei der Einsteinschen Gleichsetzung von Materie und Energie) Materie und Energie ihrerseits sehr langlebige und dichte Informationsformen sein könnten. Intuitiv weiß das schon das Johannesevangelium: »Im Anfang war das Wort...« (1,1). Aber wir brauchen nicht zu weit abzuschweifen. Die Informationstheorie ist schon sehr weit fortgeschritten, und wir können ohne weiteres mit dem arbeiten, was bereits allgemein bekannt ist.

Information und Kommunikation

Um verständlich zu machen, in welchem Sinn die Begriffe »Information« und »Kommunikation« hier verwendet werden, möchte ich für die Spezialisten ein paar Hinweise geben.
Am einfachsten ausgedrückt ist *Information* das, was einer Ordnung zugrunde liegt. Ordnung gibt es nur durch ein Zusammenwirken von Systemen. Eine bestehende Ordnung kann gespeichert (oder »eingefroren«, wie im genetischen Code) oder weitergegeben werden, in beiden Fällen als Informationsinhalt.
Informationsaustausch durch das Zusammenwirken von Systemen ist *Kommunikation.* Die Kommunikation befördert immer Information, von einem System zum anderen oder innerhalb eines Systems zwischen seinen Komponenten. Sie hat die drei Aspekte der Aneignung von Information, des Umgangs mit ihr und ihre Speicherung sowie Übertragung. Kommunikation erfordert einen gewissen Grad von Entsprechung oder Gleichheit in den Strukturen der Systeme, die aufeinander einwirken, an-

dernfalls wird sie nicht verstanden. Diese Strukturen nennt man auch »Code«.
Das Ergebnis der Kommunikation ist eine Veränderung der Ordnung. Falls diese Änderung zu weniger Ordnung führt, ist sie entropisch; führt sie zu einem höheren Grad an Ordnung, so ist sie anentropisch oder negentropisch. Entropie ist ein Maß für Unordnung, Negentropie für Ordnung; beide können mathematisch ausgedrückt werden.

Die Funktionen des Zentralnervensystems

Information und Kommunikation spielen sich auf jeder Organisationsebene ab. Der menschliche Organismus bildet dabei keine Ausnahme. Genetiker zum Beispiel zeigen viel Geschick bei der Analyse der Informations- und Kommunikationsstrukturen der genetischen Mechanismen. Sie verwenden die Konzepte von »Code«, »Botschaft«, »Transskription« usw. recht freizügig. Daraus würde folgen, daß der menschliche Organismus zumindest theoretisch auf jeder Komplexitätsebene so analysiert werden könnte. Diesem Gedankengang folgend, könnten wir auch sagen, daß auf einer gewissen Evolutionsstufe unserer entferntesten Vorfahren die Kommunikationsfunktionen, die so allgegenwärtig sind in allem, was lebt, unter anderem aus Anpassungsgründen zentralisiert wurden: das zentrale Nervensystem entstand. Im wesentlichen ist das eine Zentrale, in der berichtet, verarbeitet und befohlen wird mittels Information. Seine Physiologie ist nur ein Mittel zum Zweck, und die synaptische Ja-nein-Funktion der Neuronen könnte theoretisch genauso gut durch ein analoges System ausgeübt werden, das aus Transistoren, Molekülgittern oder dem Ektoplasma besteht. Das stimmt auch mit der in jüngster Zeit an Boden gewinnenden psychoneural-funktionalen Sicht des Körper-Geist-Problems überein[2]. Aber wie will jemand das Wesen der Psyche bestimmen, indem er die *Mittel* des Nervensystems untersucht? Wie kann die Neurologie, auch wenn sie noch so genau die Funktionen der Neuronen und ihrer Verknüpfungen untersucht, etwas darüber feststellen, was »Geist« ist? Falls jene, die mit diesen Mitteln das Wesen des »Geistes« gesucht haben, erfolgreich gewesen wären, hätten sie als erstes alles über Information, Kommunikation und Informationsverarbeitung herausfinden müssen. Dann aber hätten sie auch festgestellt, daß die eigentliche »hardware« des Nervensystems von ziemlich zweitrangiger Bedeutung für das Verständnis des Geistes ist. Geist kann einfach nicht auf die Physiologie der Nerven reduziert werden.

Die Persönlichkeitsebenen

Das Gesagte könnte den Anschein erwecken, daß ich »Geist« mit den *Funktionen* des Nervensystems gleichsetze. Bis zu einem gewissen Grad stimmt das auch, aber eben nur in begrenzter Weise, wie wir später sehen werden. Die Funktionen des Zentralnervensystems helfen an dieser Stelle eher dabei, die Grenzen dessen festzulegen, was wir »Persönlichkeit« (nicht nur »Geist«) nennen. Deren Bereiche wurden schon vorläufig in der Einführung genannt (s.o. S. 8): Bedürfnisse, Triebe/Instinkte, Erlernen, Kognition, Selbst und Selbsttranszendenz. Autonome Bedürfnisse, die im dritten Kapitel genauer definiert werden sollen, sind evolutionsgeschichtlich die ältesten und daher in ihrer Struktur die am wenigsten komplexen Subsysteme der Persönlichkeit. In der Hierarchie unter ihnen sind jene Subsysteme anzusiedeln, die unabhängig vom Zentralnervensystem funktionieren. Persönlichkeit ist personales Tätigsein, welches von einem Zentrum aus gesteuert oder organisiert wird. Die Trennlinie kann man nicht ganz genau ziehen; die Physiologie hängt aufs engste mit allen Persönlichkeitsfunktionen zusammen, aber von »Persönlichkeit« kann man nicht unterhalb jenes Niveaus sprechen, auf welchem die personalen Funktionen zentralisiert werden.

Unterhalb der Bedürfnisebene wird die Information an Ort und Stelle verarbeitet und berührt die Persönlichkeit nur indirekt.

Der Zuckerspiegel im Blut, die lokalen Reflexe, die Pupillenkontraktion, die Pulsfrequenz, Infektionen usw. können völlig autonom ablaufen ohne den restlichen Organismus. Diese Subsysteme können also unabhängig funktionieren. In anderen Worten heißt das: Die Persönlichkeitsfunktionen beginnen dort, wo die Systeme, die unabhängig vom Zentralnervensystem sein können, aufhören. Die Persönlichkeit ist aber von der Physiologie niemals ganz unabhängig, da *jedes* System von seinen Komponenten oder Subsystemen beeinflußt wird und sie beeinflußt. Wollten wir eine begrifflich klare Unterscheidung treffen zwischen dem, was zu beiden Seiten der Trennlinie der Bedürfnisse liegt, so müßten wir von »Soma« und »Psyche« sprechen – eine rein heuristische Definition. Aus diesem Grund habe ich mich dazu entschlossen, den Begriff »Persönlichkeit« statt »Psyche« zu verwenden, um die zentrale Informationsstruktur unseres Organismus zu beschreiben, die genauso von physiologischen Subsystemen wie von Emotionen beeinflußt wird, wie sie diese beeinflußt. Diese Ansicht steht im Einklang mit der Psychosomatik, dem interdisziplinären Abkömmling von Medizin und Psychologie, der als Reaktion auf die reduktionistische Auffassung von Soma und Psyche aufkam.

Bedürfnisse, Triebe/Instinkte, Lernen, Erkennen, Selbst und Selbsttranszendenz sind Persönlichkeitsebenen, die keinen bestimmten Ort haben, sondern die Person als Ganzes beeinflussen und von ihr beeinflußt werden; sie werden informationsmäßig zentral gehandhabt und können als Subsysteme eines umfassenderen Ganzen angesehen werden, eben des Systems »Persönlichkeit«. In der aufgestellten Reihenfolge sind sie zunehmend weniger autonom und direkter auf die Manifestation des »Geistes« bezogen, die wir als »freien Willen« verstehen. »Geist« ist, in diesem Zusammenhang, der aktive Ausdruck der Ordnung. Ich muß jedoch unterstreichen, daß Geist und Psyche (wobei Psyche die menschliche Wahrnehmung von Geist ist) *nicht* vom Nervensystem beherbergt werden. Das Nervensystem ist isomorph – in ähnlicher Weise aufgebaut – mit der Psyche in seiner individuellen Äußerung: auf den Organisationsebenen jedoch, die über das Individuelle hinausgehen, »überströmt« die Psyche die Organisation des Nervensystems. Das Persönlichkeitssystem enthält also die funktionalen Aspekte des Zentralnervensystems, wird aber nicht von ihm begrenzt.

Die Struktur der Persönlichkeit

Die Grundstrukturen des Nervensystems und daher auch seine groben funktionalen Aspekte sind erblich bedingt. Diese Struktur ist das Produkt von Äonen von Wechselwirkungen zwischen dem Einzelorganismus und seiner Umwelt. Der Organismus ist »im groben« darauf »vorbereitet«, mit seiner Umgebung eine Wechselwirkung einzugehen. Die Wechselwirkung selbst bringt dann eine reichhaltigere Struktur hervor, eine Struktur der psychischen Funktion, die von der Struktur des Nervensystems *nicht* begrenzt wird. Die Persönlichkeit (die Psyche und ihre körperlichen Korrelate) ist keine funktionale Untergruppe des Nervensystems. Sie könnte als Untergruppe der Kollektivität der Informationssysteme betrachtet werden, welchen ein Individuum angehört. Die Persönlichkeit ist also keine streng persönliche Angelegenheit. Ihre Grenzen liegen nicht auf unserer Haut, sondern sie laufen aus in unser ökologisches System. Die Persönlichkeit könnte auch als Epiphänomen der informativen Organisation des ganzen Organismus in seiner Umgebung bezeichnet werden, so wie Roger Sperry das Bewußtsein als Epiphänomen des Gehirns betrachtet[3].

Die Persönlichkeitsstruktur hat eine genetisch bestimmte (phänotypische) Komponente und eine durch die Wechselwirkung bestimmte. Daß Organismen sich sexuell reproduzieren und einer bestimmten Spezies angehören, ist nur möglich, wenn es einen genetischen Informationspool gibt. Jeder Organismus hat in jeder Zelle eine Reihe von Genen, die eine Vielzahl möglicher, voneinander unterschiedener Organismen definieren (das ist der Genotyp). Von dieser Vielzahl von Möglichkeiten ist nur eine im Organismus realisiert, eben in diesem betreffenden Organismus selbst (das ist der Phänotyp). Der Phänotyp bestimmt die Erbstruktur, die den Organismus, der diesen Phänotyp hat, von anderen Phänotypen unterscheidet. Über diese anfängliche, determinierte Struktur, die wir »Phänotyp« nennen, hinaus differenziert sich der Organismus weiter durch seine Lebenserfahrung. Sogar »identische« (eineiige) Zwillinge – phänotypisch identisch – beginnen sich vom ersten Moment der Empfängnis an voneinander zu unterscheiden. Außerdem bestimmt ihre unterschiedliche ökologische Lebenserfahrung ihre individuelle, separate Struktur. Während das genetische Erbe uns mit einem groben Netz von Möglichkeiten ausstattet, vervollständigt die Wechselwirkung mit der Umwelt dieses Netz mit feinen Einzelheiten, *wodurch das Netz wiederum verändert wird.* Das Ergebnis ist eine einmalige, unwiederholbare Lebensform, was man bei den identischen Zwillingen besonders deutlich sehen kann.

Die Persönlichkeit kann in gleicher Weise betrachtet werden. Das genetische Erbe gibt uns die grobe Struktur oder das Netz, welches die Wechselwirkung mit der Umwelt, die Lebenserfahrung, mit Inhalt ausfüllt, wodurch wiederum die Struktur verändert wird. Das Ergebnis ist unsere Persönlichkeit in einem jeweiligen Zeitpunkt – die Art, wie wir lernen, unseren Willen zum Ausdruck bringen und Erfahrungen machen.

Es ist unwahrscheinlich, daß unsere rezessive genotypische Ausstattung – die Gene, die *nicht* zum Tragen kommen (rezessive Gene) – irgendeinen Einfluß auf unser Leben ausüben. Einige Autoren nehmen das Gegenteil an, wie zum Beispiel Szondi. Es gibt aber offensichtlich keinen Beweis dafür.

Die Entwicklung der Persönlichkeit

Während der Lebensdauer eines menschlichen Organismus differenziert sich die Persönlichkeitsstruktur gemäß einer statistisch typischen Folge oder Entwicklung. Die phänotypische Individualität jeder Persönlichkeitsstruktur bleibt, obwohl sie sich von jeder anderen unterscheidet, eingefügt in die gesetzgebenden Grenzen, die sie als menschlich definiert, wie bei jedem menschlichen Embryo. Und genau wie bei jedem Embryo wird ein Entwicklungsweg eingeschlagen, der für unsere Gattung typisch ist. Außerdem, und wieder wie bei einem Embryo, sind die früheren Entwicklungsstufen der Persönlichkeit stärker determiniert, typischer und leichter vorherzusagen als die späteren. Im Lauf der Entwicklung einer Person gehen die möglichen Wachstumsrichtungen auseinander zu immer individuelleren Lebensläufen. Es ist daher auch nicht erstaunlich, daß die Entwicklungspsychologie bessere Ergebnisse bei der Feststellung typischer Schemas in den frühen, leichter definierbaren Abschnitten des menschlichen Lebens gefunden hat. Aber jede Aussage über typische, gesetzmäßige Lebenswege hat nur statistische Bedeutung. Wie bei allen anderen ähnlichen Phänomenen gibt es eine Streuung bei den möglichen Wegen, eine Persönlichkeit zu werden. Mehr oder weniger atypische Fälle wird es immer geben, und ihre Zahl steigt mit jeder weiteren Phase der Persönlichkeitsentwicklung. Ob ein voller Lebenszyklus, wenn das Ende naht, harmonisch ausläuft, ist offen. Typische Erfahrungen im letzten Lebensstadium jedoch, die von der sogenannten »Gerontologie« untersucht wurden, scheinen dafür zu sprechen.

Die Divergenz der Entwicklung kann auch vom Systemdenken her begründet werden. Wenn eine Einzelheit oder ein Inhalt, der der Struktur eines Persönlichkeitssystems durch die Lebenserfahrung hinzugefügt wird, dieses System *ändert,* dann wird auch das Persönlichkeitssystem immer verschiedener von jedem anderen.

Für unseren Zweck hier könnte ich daher die Persönlichkeit definieren als ein sich änderndes Subsystem des menschlichen Organismus, welches alle »inneren« und »äußeren« Funktionen umschließt, die zentral koordiniert werden, seien es physiologische oder informationsbezogene. Die Persönlichkeit ist funktio-

nal im Zentralnervensystem verankert, »überströmt« dieses jedoch durch ihre Verbindungen zur Umwelt.
Um die Diskussion über die Bedeutung der »Persönlichkeit« abzuschließen, noch eine – eigentlich überflüssige – Bemerkung: Die Persönlichkeit ist sicher nicht plötzlich in ihrer vollen Blüte zu einem bestimmten Zeitpunkt auf unserem evolutionären Pilgerpfad aufgetaucht. Als funktionaler Teil unseres menschlichen Organismus hat sie sich von einer geringeren Komplexität und Organisation zu einer höheren entwickelt, ebenso wie die Subsysteme, die sie enthält. Ich glaube, daß die Persönlichkeit, bzw. ihr Aufbau, tatsächlich an Hand ihrer Evolution untersucht werden kann. Das entspräche etwa einer »Paläontologie der Persönlichkeit«. Diese Idee ist keineswegs neu. Schon Freud und Jung haben sie vertreten, ebenso Lersch und andere. Diese Methode wurde aber eine Zeitlang nicht mehr eingesetzt, und ich möchte sie vom humanistisch-systemischen Standpunkt wieder aufnehmen.
(Der folgende Teil dieses Kapitels ist für das Verständnis des Hauptteils dieses Buches, Kapitel 3 und 4, nicht erforderlich. Für den Leser, der Kenntnisse vom Evolutionstheoriesystemdenken hat, dürfte er allerdings von Interesse sein.)

Wie ergibt sich organisierte Komplexität aus der Evolution?

Wenn wir die aufeinanderfolgenden Fähigkeiten aufspüren, mit welchen die Evolution die Menschheit ausgestattet hat, werden wir wichtige Aufschlüsse über den Aufbau der Persönlichkeit erhalten. Bei der Besprechung der Einflüsse, die den Lauf der Evolution lenken, werde ich eine besondere Betrachtungsweise anwenden, zusätzlich zu den derzeit akzeptierten. Um diese ergänzende Betrachtungsweise zu erklären, werfen wir erst einmal einen Blick auf die drei wesentlichen Lehrsätze der Evolutionstheorie.

Die Gesetze der Evolution

1. Individuelle Organismen unterscheiden sich – oder entwickeln sich unterschiedlich – durch Zufallsmutationen (willkürliche Auswirkungen von Strahlung, Temperatur und Chemikalien auf die genetische Konstitution).
2. Das Überleben und die Reproduktion von Organismen mit Anpassungsunterschieden verstärkt das Vorherrschen dieser Anpassungsunterschiede. (Die nicht angepaßten Organismen sterben eventuell aus, und tote Organismen reproduzieren sich nicht.)
3. Das wesentliche Ergebnis der Evolution ist die erhöhte Komplexität.

Diese erhöhte Komplexität kann auf Grundlage nur der ersten beiden Tatsachen nicht erklärt werden. Die unbeantwortete Frage ist: Wie kann durch Zufall aus Einfachem Komplexes entstehen? Um diese Frage zu beantworten, muß ein zusätzlicher Faktor eingeführt werden. Dieser Faktor würde dann zufallsabhängig die Zufallsmutationen in Richtung auf höhere Komplexität »lenken«. Das systemische Vorgehen, wie ich es beschrieben habe, ermöglicht eine gute Antwort auf diese Frage. Inwiefern? Ein System, das sich selbst reguliert, befolgt eine Reihe von synthetischen Gesetzen, die ein Gedächtnis definieren, einen Zweck oder eine auf einen Idealzustand gerichtete Tendenz; diese Gesetze können nicht durch die Analyse der Teile oder Komponenten dieses Systems gefunden werden. Das ist das »Neue«, das »mehr«, welches ein System gegenüber der bloßen Summe seiner Teile hat. Dieses Neue, diese neu auftauchende Qualität, ist komplexer (hat mehr Ordnung) als seine Bestandteile, denn es fügt diesen eine weitere Ordnung (die Ordnung des Ganzen) hinzu. Das Gedächtnis eines Systems umfaßt sowohl ein *Richtungsgedächtnis* (das Anordnungen gibt, wie ein Programm in einem Computer) als auch ein *Datengedächtnis*, die Quelle jener Informationen, die notwendig sind, um diese Anordnungen durchzuführen (wie eine Datenbank oder der Speicher Ihres Personalcomputers). Sprachlich einfacher ausgedrückt: Ein System »weiß« mehr als die Ansammlung seiner Teile; es hat mehr Information.

Um dies zu veranschaulichen, wollen wir einmal eine in sich geschlossene Gruppe einer Gattung, zum Beispiel eine Gruppe von Hominiden (affenartigen Vorläufern der Menschheit), als unser System betrachten. Diese Gruppe »weiß mehr« als jedes einzelne ihrer Individuen und hat Absichten, die denjenigen der einzelnen Mitglieder entsprechen können oder auch nicht. Sie hat ein kollektives Gedächtnis. Gemeinsam wird sie besser und länger überleben, durch Gruppenjagd oder Arbeitsteilung zum Beispiel. Das Wichtige dabei ist, daß zweckmäßige, komplexere Neuerungen in der Evolution als Interaktionsfähigkeiten eines Systems beginnen, die sich auf sein kollektives Gedächtnis stützen. Ob diese Neuerungen sich dann als besser angepaßt erweisen oder nicht, wird immer durch den Überlebenstest entschieden. Wir dürfen jedoch keineswegs annehmen, daß nur aus Lebewesen gebildete komplexe Systeme diese Gedächtnismerkmale haben. Auch ein Stück Gummi hat sie. Wenn man es verformt, dann wird es versuchen, seine ursprüngliche Form wiederzugewinnen (gerichtetes Gedächtnis, Zweck), und es hat alle dafür nötige Information (Datengedächtnis). Lebendige Systeme, von Amöbengemeinschaften bis zu menschlichen Sozialsystemen, zeigen das gleiche Verhalten. – Halten wir zwei Tatsachen fest: Die Systeme tendieren dazu, sich selbst zu erhalten, und sie haben einen höheren Ordnungsgrad (sind komplexer) als die Summe ihrer Komponenten.

Im Lauf der Evolution haben die Organismen erste Anpassungssysteme gebildet (wahrscheinlich durch Zufall), die ihr Überleben gefördert haben. Im Lauf der Reproduktion ihrer Mitgliedsorganismen (über viele Generationen hin) zeigten jene, deren Mutationen mit dem Zweck des Systems im Gleichklang waren, eine Tendenz, diejenigen zu überleben, die das nicht waren. Auf diese Weise haben sich das System und seine Mitglieder gegenseitig gestärkt, indem sie den Anpassungszweck des Systems verfeinert und die Mutationen der Mitglieder auf einen höheren Ordnungsgrad hingelenkt haben, der »eingestimmt« war auf den Zweck des Systems.

Dafür ein Beispiel: Eine bestimmte Art von Laternenfischen hat zwei Leuchtkolben, unter jedem Auge einen, die Millionen von Leuchtbakterien enthalten. Diese Kolben sind von einem Lid bedeckt, das der Fisch auf- und zumachen kann. Wenn er mit »angezündeten« Lichtern in eine Richtung schwimmt, dann die Lichter ausschaltet und die Richtung ändert, kann der Laternenfisch seine Verfolger ablenken, die annehmen, daß er in der vorigen Richtung weitergeschwommen ist. Dabei handelt es sich um eine Anpassung von hohem Überlebenswert, die von einem sehr komplexen Organ abhängt und in den genetischen Code des Laternenfisches eingebaut ist[4]. Wie kann sich ein so komplexes Leuchtorgan mit einem »Augen«-Lid und Bakterien, die genetisch nicht Teil des Fisches waren, durch eine Zufallsmutation entwickelt haben? Die Antwort ist: Es war nicht nur eine Zufallsmutation. Eine Wechselwirkung bei den ältesten Vorfahren des Laternenfisches muß die Mutationen auf die richtige Spur gebracht haben. Ich möchte das erklären an Hand des System-Zwecks, der die Zufallsmutationen leitet.

Nehmen wir an, daß anfänglich irgendein Fischschwarm eine Infektion von Leuchtbakterien am Bauch hatte. Diese Infektion, wenn sie nicht gerade tödlich war, hatte für das Überleben des einzelnen Fisches keinerlei Bedeutung; jeder hatte so wenige Bakterien, daß sie nicht zu sehen waren. Aber beim ganzen Schwarm von Fischen gab es *doch* einen schwachen Leuchteffekt nach unten hin. Das konnte ein von unten kommender Raubfisch sehen. Wenn sich diese Fische nun plötzlich mit dem Bauch nach oben drehten und die Richtung änderten, verlor der Verfolger ihre Spur in der Annahme, sie seien in der ursprünglichen Richtung weitergeschwommen. Dieser Fischschwarm hatte somit von dieser Infektion einen (geringen) Überlebensvorteil. Von da an hat das Überlebenssystem der Fische jene Mutationen beibehalten, die darauf ausgerichtet waren, diese günstige Infektion zu verstärken, zu lokalisieren und unter Kontrolle zu bringen. Nach unzähligen Generationen hat dies schließlich zu dem hochentwickelten Leuchtkolben geführt. – Dieser Entwicklungsgang könnte in ähnlicher Weise für viele evolutionäre Veränderungen gelten, die kaum dem Zufall zugeschrieben werden können. Das Wichtige dabei ist, daß die Auswahl der Zufallsmutationen im Fall unseres Laternenfisches von einem komplexen Systemverhalten gelenkt wurde, das schließlich zu körperlichen Veränderungen eines höheren Komplexitätsgrades geführt hat.

Die genetische Explikation

Dieser Gedankengang führt uns zu einer Verallgemeinerung und damit zu jener zusätzlichen Überlegung zur Evolution, von der am Anfang dieses Abschnitts die Rede war. Es handelt sich dabei um eine Hypothese, die wir bis jetzt noch nicht beweisen können, die uns jedoch bei der Erklärung der Entwicklung der Persönlichkeit von Wert ist:

4. Anpassungen mit Überlebenswert innerhalb weiterbestehender *Systeme* von Organismen lenken die Zufallsmutationen einzelner Mitglieder auf eine komplexere Organisation hin, die bei den Abkömmlingen dieser Organismen genetisch fixiert wird[5].

Man könnte dies auch, zur Erklärung, anders ausdrücken: Die Selektion als Evolutionsprozeß ändert ständig die Abstammung der Organismen nicht nur durch die Auswahl von Zufallsmutationen, die für das Überleben des *einzelnen* günstig sind, sondern auch durch Anpassungen, die das weiterbestehende *System* von Organismen vollzieht. Man könnte dies *»genetische Explikation«* nennen. Das bedeutet, daß die Anpassungen und Merkmale, die von diesen Systemen erworben wurden, im genetischen Code der Abkömmlinge verankert werden durch eben jenen Auswahlprozeß, den die Neodarwinistische Evolutionslehre postuliert. Das Interessante daran ist, daß die Neodarwinisten ausdrücklich die Möglichkeit ablehnen, daß erworbene Eigenschaften von Organismen an ihre Nachkommen vererbt werden,

ganz im Gegensatz zur Evolutionstheorie, die von J.B. Lamarck zu Beginn des vergangenen Jahrhunderts ausgearbeitet wurde. Der Selektionsdruck der Umwelt, sagen die Neodarwinisten, bestimmt lediglich, welche glückliche Genzusammensetzung überlebt und sich reproduziert und welche nicht. Mit dem vorhergehenden Argument aber wurden einige der Ansichten von Lamarck bestätigt, wobei genau dieselben Mechanismen, die von den Neodarwinisten postuliert wurden, akzeptiert, als Evolutionseinheiten aber die *Systeme* genommen wurden, deren Beitrag die Ausrichtung auf eine höhere Organisation ist. Bei diesem Argument wird das System zu dem Teil der Umgebung, der einen selektiven Organisationsdruck auf den einzelnen ausübt. Diese interessante Schlußfolgerung könnte noch etwas weitergeführt werden: Könnten wir dem zustimmen, daß, weil Systeme aus einzelnen bestehen und einzelne sich wechselseitig mit ihrem System ändern, einige der erworbenen Eigenschaften des einzelnen tatsächlich in den genetischen Code Eingang finden, dann müßten wir akzeptieren, daß beide, Darwin und Lamarck, in den meisten Fällen recht hatten.
Das also ist die besondere Betrachtungsweise der Evolution, die uns hilft, eine Persönlichkeitstheorie auf der Grundlage der Systemtheorie aufzubauen. Ältere Evolutionstheorien, die die natürliche Auswahl unterstrichen und mit einer willkürlichen Mutation arbeiteten, haben lange die philosophischen Ansichten über die Bedeutung des Lebens im allgemeinen und der Menschheit im besonderen beunruhigt. Die »Würde des Menschen« litt schwer unter diesen Ansichten. Es hatte den Anschein, als wären selbst die höchsten Errungenschaften der Menschheit nicht mehr als die Ergebnisse der Launen des Zufalls. Im Licht des oben Gesagten behält die Evolution zwar ihr amoralisches Lernen durch Fehler, also durch den Tod, ist aber doch auf Organisation und Ordnung ausgerichtet. Außerdem scheint diese Organisation nach zwei Schemas gleichzeitig abzulaufen; eines davon ist Differenzierung (die Lebensformen haben die Tendenz, sich von einander zu unterscheiden), das zweite ist Integration

(die Tendenz, einander ähnlich zu werden). Gleichgültig, wie verschieden die Lebensformen werden, sie scheinen doch Organisationsformen anzustreben, die isomorph sind oder strukturell und funktionell ähnlich. Meiner Meinung nach spielt es keine Rolle, wo sich Leben entwickelt; immer wieder wird es früher oder später Instinkt, Lernen, Erkennen, Selbstbewußtsein und Selbsttranszendenz erwerben.

Der »Zweck« des Lebens

Wenden wir uns nun dem Gedanken des »Zwecks« der Lebewesen zu. Philosophen, Biologen und Psychologen haben immer wieder nach der treibenden »Kraft« des Lebens gesucht. Der Vitalismus schrieb der lebendigen Materie ein Organisationsprinzip zu, das man in anorganischen Stoffen nicht findet (Bergsons »élan vital« oder Drieschs »Entelechie«). Andere wiederum, wie Walter G. Cannon, sahen das Grundmotiv der Lebewesen in ihrem Streben nach Gleichgewicht – er nannte das »Homöostase«. Andere Autoren wiederum sahen im Leben mehr als Homöostase und postulierten zielorientierte, »proaktive« Prinzipien. Die derzeitige Neuprägung dieses Konzepts heißt »Selbstverwirklichung« – ein Wunsch nach Selbsterfüllung in allem, was einem Organismus an Möglichkeiten gegeben ist (Kurt Goldstein, Abraham Maslow, Carl Rogers). Darüber hinaus erkennt der Existentialismus der Menschheit die Freiheit der Selbsterfindung zu. Teilhard de Chardin sah in allem, was existiert, das Streben nach Komplexität, Bewußtsein und Harmonie. Was von alledem stimmt aber »wirklich«? Ich glaube, daß sie alle stimmen; jede dieser Ansichten bezieht sich auf einen Aspekt des Zwecks in diesem höchst komplexen System, das wir »menschliche Person« nennen. Wie meine ich das?
Sie werden sich wahrscheinlich daran erinnern, daß wir im ersten Kapitel sagten, Systeme könnten in immer größere Systeme eingefügt werden, je nach dem Umfang des Beobachtungsgebiets. Jedes System aus einer solchen Hierarchie ist, für

sich genommen, selbstregulierend in einer pseudomechanischen Art – es hat einen homöostatischen »Zweck«. Wenn wir aber das nächste etwas komplexere System betrachten, welches das vorhergehende enthält, werden wir feststellen, daß dieses übergeordnete System einen eigenen homöostatischen »Zweck« hat, der unter Umständen zur Störung des Gleichgewichts (der Homöostase) des kleineren Systems führt und dieses in ein neues Gleichgewicht bringt. Die Metamorphose von Insekten ist ein gutes Beispiel dafür. Die Raupe ist ein schöner sich selbst regulierender Organismus. Er wird aber vollkommen gestört durch einen höheren Zweck oder Plan, nach welchem die Raupe ein Schmetterling werden soll. Der vollständige Lebenszyklus des Schmetterlings kann als ein sich selbst regulierendes (homöostatisches) System auf seiner eigenen Komplexitätsebene betrachtet werden. Von der Ebene der Raupe aus gesehen macht es dagegen einen sehr proaktiven Eindruck: Sie, die Raupe, kann nicht bleiben, was sie ist, sondern muß sich verwandeln. Bei Betrachtung der Dinge von der weniger komplexen Ebene aus sieht die Homöostase des übergeordneten Systems proaktiv aus; von oben her betrachtet, sieht das untere System immer »mechanisch« oder einfach selbstregulierend aus. Man könnte daher sagen, daß es von der Beobachtungsebene abhängt, ob Systeme homöostatisch oder proaktiv aussehen. Das gibt uns die Freiheit, festzustellen, daß vom Gesichtspunkt unseres Bewußtseins aus der Baum des Lebens tatsächlich eine Tendenz zu Komplexität und Ordnung aufweist, wenn man ihn als großes Ganzes sieht. Es erlaubt uns aber auch, sogar uns selbst als Mechanismen zu sehen, wenn wir uns auf weniger komplexe Systeme reduzieren. Wenn wir zum Beispiel unsere Ansicht darüber, wie wir »funktionieren«, rein auf die Physiologie begrenzen, ist es gewiß möglich, uns selbst als Ansammlung von physiologischen selbstregulierenden Systemen zu bestimmen, die tatsächlich ganz mechanisch ablaufen.

Unter den Disziplinen, welche die Begriffe »Homöostase«, »Proaktivität« und andere verwandte Ausdrücke verwenden, gibt es eine ziemliche Verwirrung, was ihre Bedeutung betrifft. Maruyama verwendet den Begriff »Morphostase« für die Tendenz, die gleiche Form beizubehalten, konservativ, also ziemlich genau im ursprünglichen Wortsinn von »Homöostase«. Er verwendet den Begriff »Morphogenese«, um die Tendenz der Systeme zu bezeichnen, ihr Gleichgewicht zugunsten anders organisierter Gleichgewichtszustände zu ändern. Bei manchen philosophischen Richtungen fallen beide Konzepte unter den Begriff »Homöostase«. Da aber in der Fachsprache der Psychologie »Homöostase« meist konservativ, also im Sinn von »Gleichgewichtszustand« gebraucht wird, werde ich das auch tun. Wenn ich von jener Tendenz spreche, die auf eine Änderung des Gleichgewichts zugunsten höher organisierter Systeme aus ist, werde ich jenes Wort verwenden, das innerhalb der Psychologie am gebräuchlichsten ist: »Proaktivität«. In der Evolution ist diese Tendenz viel interessanter als ihr Gegenstück, der Rückschritt zu weniger geordneten Systemen, den ich »Regression« nennen könnte. Diese beiden Konzepte, »Regression« und »Proaktivität«, beziehen sich jeweils auf die Begriffe »Entropie« und »Anentropie«.

Wenn wir schon bei der Terminologie sind, wird es auch ganz nützlich sein zu erklären, wie ich die Wörter »Struktur« und »Funktion« verwende: Ein »synthetisches Gesetz«, wie schon zuvor erläutert wurde, bezieht sich auf die typische »Art«, wie sich ein System zu organisieren pflegt. Jedes System weist Gesetze auf, die beständiger sind und andere überlagern, die vorübergehend gelten. Erstere sind hinsichtlich der letzteren »strukturell«, letztere sind hinsichtlich der ersteren »funktional«.

Bei der Beschreibung der größer werdenden Komplexität der Persönlichkeit, von den Bedürfnissen bis zur Selbsttranszendenz, werden wir bemerken, daß die am wenigsten komplexe Ebene, die wir behandeln werden – die Bedürfnisse –, genetisch betrachtet die ältesten Wurzeln innerhalb der Evolution hat und daß sie auch am autonomsten, mechanischsten und homöostatischsten ist. Die immer komplexer werdenden Systeme – Triebe/Instinkte, gelernte Dispositionen, Kognition, Selbst und Selbsttranszendenz (in dieser Reihenfolge) – sind jünger, komplexer, (für unser eigenes Bewußtsein) proaktiver oder zielgerichteter, differenzierter und mehr unserem Willen unterworfen. Daraus wird langsam klar, daß die Persönlichkeit ein umfassendes System ist mit jenen Subsystemen, die ich vorher »Fähigkeiten« oder »Persönlichkeitsebenen« genannt habe. Nachdem wir gesehen haben, wie diese Subsysteme phylogenetisch auftauchten und was ihre spezifischen Funktionen sind, haben wir bessere Werkzeuge zu verstehen, wie sie zusammenarbeiten, um Verhalten und Entwicklung zu erzeugen.

Der »Zweck« der Persönlichkeit

Bevor wir aber damit fortfahren, muß eine wichtige Frage beantwortet werden. Hat die gesamte Persönlichkeit ein Ziel oder einen Zweck? Um konsequent zu sein, muß man wohl ja sagen, eben wie bei jedem anderen proaktiven System. Aber worin besteht dieser Zweck oder dieses Ziel? Wenn wir den Lebenszweck in der Homöostase sehen, wird das Leben zu einem reinen Mechanismus. Selbstverwirklichung kommt der Sache schon näher, als der Wunsch, das zu verwirklichen, was als Möglichkeit in uns steckt, was das Leben selbst uns zu versprechen scheint. Aber das Konzept der Selbstverwirklichung rechnet nicht (es sei denn, man erweitert den üblichen Wortsinn) mit jenen Umständen, in welchen eine völlige Selbstaufopferung im Namen einer Gemeinschaft oder zugunsten anderer gefordert wird. Zum Beispiel der »Heldentod« eines Soldaten auf dem Schlachtfeld; oder eine Mutter, die sich in die Flammen stürzt, um ihr schlafendes Kind aus dem brennenden Haus zu retten. Obwohl das in irgend einem weiteren Sinn auch Selbstverwirklichung ist (oder sein kann), bevorzuge ich den Ausdruck »Suche nach Sinn«. Ich werde diesen Ausdruck gebrauchen als Antwort auf die ganze Forderung, die das Leben zu jedem Zeitpunkt an uns stellt und die, geht man nach den eigenen Interessen, manchmal ganz und gar nicht »selbstverwirklichend« sein mag. Im Lauf unserer Entwicklung als Person ist die gestellte Existenzfrage nicht immer dieselbe. Die Aufgabe eines Kindes ist gewiß eine andere als die eines weisen alten Mannes. Die Suche nach Sinn ist daher unsere Antwort auf die Lebensfrage hier und jetzt. Sie durchzieht alle Bereiche der Persönlichkeit und ist für diese ebensosehr ein Grundbedürfnis wie auch das letzte Ziel.

Begriffe wie »Proaktivität«, »Selbstverwirklichung« oder Jungs »transzendente Funktion«[6] wurden von den mehr deterministisch ausgerichteten Persönlichkeitstheoretikern lange als suspekt betrachtet. Aber die Tatsache, daß komplexe Systeme, insbesondere lebende Organismen, gegen das zweite thermodynamische Gesetz (das aussagt, daß alle geschlossenen Systeme zum Chaos neigen) verstoßen können und es auch tun, wird nun in der Forschungsarbeit von Prigogine (wofür er den Nobelpreis erhielt) ernst genommen[7].

Die Persönlichkeitsebenen (Subsysteme)

Bei der Untersuchung der verschiedenen Persönlichkeitsebenen werden wir feststellen, daß jede Ebene als System funktioniert. Dieses ist selbstregulierenden, homöostatischen, den Idealzustand suchenden, synthetischen Gesetzen unterworfen, die ich als seine »Bedürfnisaspekte« beschreiben werde. Es ist auch jener Art von synthetischen Gesetzen unterworfen, die auf höhere Komplexität hinwirken. Sie sind das proaktive, vorantreibende, transzendierende Moment jeder Persönlichkeitsebene. Sowohl die homöostatischen Bedürfnisse als auch die proaktiven Tendenzen können als Formen betrachtet werden, die uns genetisch gegeben sind und die durch das eigentliche Leben ihren Erfahrungsinhalt bekommen. Das klingt im Moment vielleicht noch etwas unklar, wird aber deutlicher werden, wenn wir die verschiedenen Persönlichkeitsebenen einzeln betrachten. Diese Ebenen umfassen also alle drei Aspekte: den homöostatischen, den proaktiven und den inhaltlichen in unterschiedlichen Anteilen.

Bis jetzt habe ich die verschiedenen Fähigkeiten der Persönlichkeit, mit welchen uns die Evolution ausgestattet hat, »Ebenen« oder »Subsysteme« genannt. Diese Begriffe beschreiben Teile der Persönlichkeit, die unterschiedliche, aber einander überlappende Funktionen haben und die gemeinsam das Verhalten bestimmen. Wir werden aber einen funktionaleren Ausdruck brauchen; deshalb werde ich den Begriff »Persönlichkeitskoordinanten« oder »Koordinanten« verwenden, um damit auszudrücken, daß diese Ebenen, Fähigkeiten oder Subsysteme der Persönlichkeit in deren Verhalten »koordinieren« (zusammenwirken).

Zusammenfassung

1. Die Persönlichkeit ist als eine Hierarchie ineinandergefügter Systeme organisiert, deren hierarchischer Rang und deren Auftauchen in der Entwicklung ungefähr ihrem evolutionären Auftreten als »Fähigkeiten« parallel ist. Ich nenne sie Persönlichkeitskoordinanten.
2. Systeme lebender Organismen haben Datengedächtnisse und Richtungsgedächtnisse, die komplexer sind als die der Einzelorganismen, aus welchen das System besteht.
3. Einige Merkmale, die während der Lebensdauer von Organismussystemen erworben werden, gelangen tatsächlich in den genetischen Aufbau der Nachkommen dieser Organismen. Dieses Verbindungsglied stellt die funktionalen Ähnlichkeiten zwischen dem Einzelsystem und dem ökologischen System dar und definiert einen Teil der Persönlichkeit als unbewußt und kollektiv.
4. Die Tendenz zu einem Idealzustand (Homöostase, Gleichgewicht) bei höher entwickelten oder komplexeren Systemen (einschließlich der menschlichen Persönlichkeit) kann vom

Standpunkt eines niedrigeren Systems aus als »Proaktivität« oder »Zweck« gesehen werden.

5. Alle Koordinanten haben einen homöostatischen, einen proaktiven (beide durch die Genetik gegeben) und einen inhaltlichen (durch den Lebensprozeß gegebenen) Aspekt. In der Hierarchie der Persönlichkeitskoordinanten, die eine Persönlichkeit ausmachen, sind die untersten Koordinanten die homöostatischeren und die, welche am wenigsten durch die Lebenserfahrung geändert werden; die höchsten sind proaktiver und – da kontingenter – abhängiger von Lebenserfahrung.

III. Die autonome Ebene der Persönlichkeit: Bedürfnisse, Triebe und Instinkte

Die autonome Persönlichkeitsebene oder -koordinante enthält Substrukturen, die von unserem Wünschen und Tun höchst unabhängig sind; überhören wir ihre Stimme, so bedeutet dies unseren Untergang. Ihr Auftreten in der Entwicklung folgt einer Ordnung, die weit außerhalb unserer Kontrolle ist. Insoweit die Persönlichkeit als System funktioniert, ist keiner ihrer Teile völlig autonom. Es gibt jedoch eine Stufenfolge, die von der am wenigsten komplexen Ebene (phylogenetisch die älteste) mit der größten Autonomie bis zur komplexesten (phylogenetisch die jüngste) mit der geringsten Autonomie reicht. »Autonomie« wird dabei vom Standpunkt des Bewußtseins und des Begehrens oder des Willens aus betrachtet.

Die Bedürfnisse

Die Funktion der Bedürfnisse

Bedürfnisse sind sehr einfach zu beschreiben: Sie umfassen ein System, dessen Datengedächtnis uns darüber informiert, ob etwas fehlt oder befriedigt ist, und dessen Richtungsgedächtnis uns darüber informiert, ob unser Verhalten in die richtige Richtung geht oder nicht. Die autonomen Bedürfnisse arbeiten wie innere »Sensoren«, die den Zustand des Organismus auswerten. Sie gehören zu einer Persönlichkeitsebene oder -koordinante, die phylogenetisch die älteste ist. In bezug auf die Bedürfnisse sind wir den einfachsten Organismen ähnlich. Stimmt etwas nicht, so tritt ein Zustand verworrener Aufregung ein. Ein sehr primitiver Organismus, der auch dieses System von »Sensoren« hat, wird »kopflos« und aufs Geratewohl alles mögliche ausprobieren, bis ihm sein Bedürfnissystem »Befriedigung« meldet. Wir befinden uns natürlich in einer glücklicheren Lage. Oberhalb dieses Bedürfnissystems und der »kopflosen« Triebe haben wir Zugang zu anderen, höchst sorgfältig ausgearbeiteten Verhaltensmustern, die uns bessere Möglichkeiten bieten als das blinde Ausprobieren. Aber die Funktion der Bedürfnisse ist für das ganze Tierreich dieselbe. Doch damit endet auch schon unsere Ähnlichkeit mit den primitiven Organismen. Denn mit der Entwicklung unseres Körpers haben sich auch höhere, subtilere Bedürfnisse eingestellt. Jede neue Fähigkeit, sobald sie genetisch »fixiert« und damit zur Persönlichkeitskoordinante geworden war, machte unsere Persönlichkeit komplexer; und dabei fügte jede dieser Fähigkeiten dem Sensorensystem, das wir »Bedürfnisse« nennen, eine neue Komponente hinzu. Beispiele: Wir haben das Bedürfnis, uns zu entwickeln, zu lernen, etwas zu wissen, wir selbst zu sein, uns auf gesellschaftlicher Ebene durchzusetzen und, letztendlich, mit der ganzen Existenz eins zu sein. Diese »höheren« Bedürfnisse sind nicht autonom, sondern kontingent.

Die Bedürfnisse sind natürlich keine separaten Einheiten. Sie bilden ein relatives Kontinuum, in welchem alle Bedürfnisse, die wir kennen, ineinanderfließen. Wir erkennen jedoch unterschiedliche Merkmale der verschiedenen Bedürfnisse. Das unangenehme Gefühl des Mangels und die Befriedigung durch die Erfüllung sind bei den verschiedenen Bedürfnissen unterschiedlich. Das Gefühl, das mit dem Zustand der Befriedigung oder des Unbefriedigtseins einhergeht, ist von dem jeweiligen Bedürfnis abhängig: Ein voller Magen befriedigt uns anders als eine gut gemachte Arbeit. Sexuelle Bedürfnisse unterscheiden sich von Hunger. Die Bedürfnisse spürt man immer körperlich und in unterschiedlicher Weise.

Die jüngsten Motivationstheorien werden uns hier nicht viel weiterhelfen. Vorläufig werde ich deshalb einige Ecksteine setzen, bezogen auf das Verhalten, die dazu dienen, die Struktur, den Prozeß und das Funktionieren der Persönlichkeit zu erklären. Auf der Ebene der Bedürfnisse kann man von Defizitgefühlen sprechen, die mit einem Unbefriedigtsein einhergehen, und von Gefühlen der Befriedigung, die mit der Stillung eines spezifischen Bedürfnisses verbunden sind. Diese Gefühle können für alle unsere Bedürfnisse als »Zustandsemotionen« bezeichnet werden; die grundlegendsten davon, wie Durst, Hunger und andere, sind auch im ganzen Tierreich anzutreffen. Andere Bedürfnisse wiederum, wie die nach Gerechtigkeit, Harmonie und Schönheit, sind nur dem Menschen eigen. Es gibt aber auch noch andere Gefühle, die wir später besprechen werden. Es stimmt: Die autonomen Bedürfnisse und die Gefühle, die sie hervorrufen, sind der »körperlichste«, mechanischste oder homöostatischste Teil unserer Persönlichkeit. Wir »beschließen« nicht, Hunger oder Durst zu haben oder ein Bedürfnis nach sozialem Kontakt. Diese Bedürfnisse haben wir einfach, genauso wie die Zustandsemotionen, die sie begleiten. Gewiß werden die Bedürfnisse von der Wahrnehmung beeinflußt, von Faktoren wie der Möglichkeit, sie zu erfüllen, und von den übrigen Persönlichkeitskoordinanten. Als Teil des Systems, das wir »Persönlichkeit« nennen, beeinflussen die Bedürfnisse das System als Ganzes und werden wiederum von ihm beeinflußt.
Im Lauf der Evolution kamen immer verfeinertere Bedürfnisse dazu, die jedoch nicht gleich als voll ausgereifte, separate Einheiten auftraten. Wie jedes andere neu auftauchende Merkmal in einem System, hatten sie zuerst teil an den Charakteristika ihrer Vorgänger und standen in einer Wechselbeziehung zu ihnen. Höhere Bedürfnisse können deshalb zu niedrigeren Bedürfnissen in Beziehung stehen – ein Kunstwerk kann durchaus ein Gefühl sexueller Befriedigung hervorrufen. Die reduktionistischen Tendenzen einiger Theorien, insbesondere der von Freud, betrachteten dies als einen Beweis dafür, daß die höheren Be-

dürfnisse (oder Triebe) nur die Sublimierung von vorherrschenden fundamentalen Trieben (Eros und Thanatos bei Freud) waren. Das ist natürlich nicht unbedingt falsch. Der Sexualtrieb *kann* ja in ein künstlerisches Bemühen umgeleitet werden. Aber gleichzeitig sind künstlerische Bedürfnisse auch mehr als sublimierte Sexualtriebe. Voll ausgelebte Sexualität ist kein Ersatz für die Erfüllung des Wunsches nach künstlerischer Kreativität.

Die Bedürfnisse, die wir hier beschreiben, sind homöostatische Strukturen der Persönlichkeitssubsysteme oder -koordinanten. Sie nehmen ein Abweichen von einem Wunschzustand wahr, einen Mangel, und sie nehmen auch wahr, ob das darauffolgende Verhalten homöostatisch ist – sich auf den erwünschten Zustand richtet – oder nicht. Deshalb könnte man sie »Bedürfnisstrukturen« nennen, im Gegensatz zu der einfacheren Bedeutung von »Bedürfnis« im Sinn eines Mangelgefühls. Der Einfachheit halber werde ich den Ausdruck »Bedürfnis« aber im üblichen Sinn verwenden, der beide Bedeutungen miteinschließt.

Natürlich sind die Motivationstheoretiker oft gegen diese homöostatische Ansicht der Bedürfnisse, und das mit Grund. Es gibt Bedürfnisse, die als solche kaum homöostatisch wirken. Die Mutterschaft zum Beispiel bringt oft die Mutter zugunsten ihres Sprößlings aus dem Gleichgewicht. Sogar Sex kann destabilisieren. Dies geschieht aber nur, wenn wir die homöostatische Betrachtungsweise auf physiologische Prozesse begrenzen. Die zahlreichen kritischen Einwände gegen die homöostatische Sicht der Motivation sind gerechtfertigt, wenn wir uns selbst auf Physiologie, auf einen Austausch von Materie und Energie beschränken. Das muß aber nicht sein. Die homöostatische Tendenz bezieht sich gleichermaßen auf die Informationssysteme. Wie würden wir sonst solch moderne Ideen wie »Wissensdurst« oder den »Erkenntnistrieb« rechtfertigen? Bedürfnisse haben einen größeren oder kleineren Informationsinhalt. Dadurch, also durch Information, sind sie oft mit anderen verbunden, auch mit Systemen außerhalb der Person. Mutterschaft kann sicher als ein Bedürfnis empfunden werden, und doch bezieht der

Wunschzustand dieser Bedürfnisstruktur auch den Sprößling der Mutter mit ein; dieses Bedürfnis hat hauptsächlich Informationscharakter. Und der Sexualtrieb hängt wahrscheinlich mit der ganzen Gattung zusammen; dafür spricht, daß er stärker wird unter Bedingungen, die das ganze Kollektiv bedrohen, wie Pest, Hungersnöte oder Katastrophen.

Die Reihenfolge oder »Hierarchie« der Bedürfnisse

Einige Autoren, insbesondere Freud, Maslow[1] und Erikson[2], haben die Vorstellung ausgearbeitet, daß es eine natürliche, hierarchische oder auch zeitliche Reihenfolge gibt, in der in der Entwicklung des einzelnen die Bedürfnisse oder Bedürfnisstrukturen auftreten. Nach Maslow erstreckt sich diese Hierarchie von den dringlichsten physiologischen Bedürfnissen (Atmen, Durst und Hunger) über Bedürfnisse nach Sicherheit und Dazugehören, nach Selbstwertschätzung und Wertschätzung durch andere, bis zu den am wenigsten dringlichen, wie dem Streben nach Selbstverwirklichung, nach Gerechtigkeit, Schönheit und Wahrheit. Erikson unterscheidet in seiner Psychosozialtheorie acht typische Entwicklungsstufen, die von der Kindheit bis zur Reife reichen und die er auch als Perioden der Krise oder Probestadien beschreibt, in welchen das Individuum Erfolg oder Mißerfolg hat. Er beschreibt diese Polaritäten als grundlegende Eigenschaften wie: Ur-Vertrauen – Ur-Mißtrauen; Autonomie – Scham und Zweifel; Initiative – Schuldgefühle; Werksinn – Minderwertigkeitsgefühle; Identität – Identitätsdiffusion; Intimität – Distanzierung; Generativität – Stagnierung und Integrität – Verzweiflung[3]. Ich persönlich glaube, daß diese Polaritäten auch genauso als Bedürfnisse und deren Frustrationen angesehen werden können. Es gibt viele andere ähnliche Formulierungen.
Ich sehe es als Tatsache an, daß eine typische Reihenfolge von Entwicklungsstufen zu jeder Gattung gehört, einschließlich der unseren, und zwar als eine bevorzugte Ordnung, die aber nicht

zwingend ist. Kulturelle Aspekte können sehr wohl das volle Aufblühen eines bestimmten Stadiums verhindern. Bei den unteren sozialen Schichten mit geringem Einkommen in den Ländern der Dritten Welt zum Beispiel führt die Notwendigkeit, sich schon als Kind Arbeit zu suchen, dazu, daß die Periode der Jugendzeit gewissermaßen ausgelöscht wird. Der junge Mensch hat kaum die Möglichkeit, sich erst einmal auszuprobieren und durch die dabei gewonnenen Erfahrungen die gewünschte soziale Identität zu finden, wenn bereits die Anforderungen des Erwachsenseins an ihn gestellt werden. Falls jedoch genügend Spielraum für persönliche und soziale Wahlmöglichkeiten vorhanden ist, gibt es auch eine individuelle autonome Folge der Entwicklung, die ungefähr parallel zur evolutionären Entwicklung läuft. Das Auftreten der Bedürfnisse richtet sich nach einer Reihenfolge, die auf derjenigen gründet, in welcher wir im Evolutionsprozeß unsere Fähigkeiten erworben haben und die auch mit den hierarchischen Strukturen der anderen Persönlichkeitskoordinanten verwandt ist. Ich sage ausdrücklich, daß die individuelle Entwicklung der phylogenetischen nur »ähnlich« ist und sich »tendentiell« parallel zu ihr entwickelt. Maslow mißverstehend, könnte man nämlich leicht von einer Bedürfnishierarchie sprechen, bei welcher die primären oder grundlegenden Bedürfnisse erfüllt werden *müssen*, bevor uns der autonom ablaufende Prozeß den nächsten Punkt der »Tagesordnung« präsentiert. Das wäre eine übermäßige Vereinfachung, die Maslow nicht beabsichtigte. Um hier auf der Hut zu sein, brauchen wir uns nur daran zu erinnern, daß viele Asketen in den hohen Sphären des Geistes gewohnt und den fundamentalen Bedürfnissen kaum Aufmerksamkeit geschenkt haben, oder daß viele ehrliche Märtyrer buchstäblich verhungert sind, während sie hohe Ideale verfolgten. Die erfolgreiche Entwicklung entlang der autonomen Bedürfnisfolge wird durch deren Befriedigung gewiß erleichtert, aber diese ist keine Bedingung. Die Entwicklung kann auch durch eine bewußte Ablehnung und Abkehr von Wünschen weitergehen, solange die damit verbundene Investition in Frustration oder sogar Leiden *sinnvoll* ist. Wir werden später, wenn wir über diesen Begriff »Sinn« sprechen, sehen, daß für ihn – in bezug auf die Entwicklung – eine bewußte Auswahl von Werten, die die Organisation und die Individualisierung verstärken, wesentlich ist.

Es scheint also eine Hierarchie der gattungstypischen *autonomen* Bedürfnisse zu geben, die von der reinen Physiologie bis zu verfeinerten Strebungen reicht. In dieser Hierarchie kann man eine Parallele sehen zu jener Folge von Fähigkeiten, die wir in unserer Evolution bis zu dem Zeitpunkt erworben haben, als unsere vormenschlichen Vorfahren begannen, sich zu unserer Gattung zu entwickeln. Mit anderen Worten, wenn wir die Entwicklung eines Hominiden untersuchen könnten, würden wir wahrscheinlich ziemlich dieselbe Reihenfolge der autonomen Bedürfnisse feststellen, wie wir selbst sie erfahren. Diese Reihenfolge könnte (kombiniert man Erikson und Maslow) folgendermaßen aussehen:

Selbsterhaltung und Befriedigung der physiologischen Bedürfnisse;
Sicherheit;
Orientierung und Neugierde;
Autonomie;
Initiative;
Sexualität;
Effizienz;
soziale Identität;
Gemeinwohl;
Intimität;
Generativität.

Jedes dieser Elemente, wenn man es als ein Bedürfnis oder Entwicklungsstadium betrachtet, tritt auf, wenn es besonders unterstrichen wird, und wird für den Entwicklungsprozeß zum Kernstück. Aber diese Stadien folgen einander nicht einfach wie Punkte einer Tagesordnung. Sogar die Reihenfolge, in der sie

auftreten, kann sich ändern. Alle können auf irgendeine Weise in *irgendeinem* Alter auftauchen.
Diese Liste schließt die höchsten Absichten und Fähigkeiten der Menschheit, wie kognitive Bedürfnisse, Bedürfnisse nach Selbstbeständigkeit und Selbsttranszendenz, nicht mit ein. Warum? Wofür stehen diese Bedürfnisse? Sie entstehen aus den evolutionär jüngsten Errungenschaften der Menschheit. Sie können nicht innerhalb der oben genannten Hierarchie oder Folge plaziert werden. Dennoch sind sie eng mit unseren älteren ererbten Bedürfnissen verbunden. Ich möchte kurz vorgreifen und erklären, was ich mit diesen neuen Bedürfnissen meine. Meiner Ansicht nach wurde jede evolutionäre Fähigkeit, sobald sie etabliert war, zu einem Bedürfnis. Die früheste *menschliche* Errungenschaft war eine erstaunliche Entwicklung des Erkennens, der Fähigkeit nachzudenken, zu verstehen, vorauszusagen und zu steuern. Daraus wurde bald ein Bedürfnis zu wissen. Wir können in einer irrationalen Leere nicht leben. Die sofortige evolutionäre Folge davon war das Nachdenken über sich selbst und das Bedürfnis, sich selbst und die eigene Umwelt zu verstehen, vorauszusagen und zu steuern; die Folge davon wiederum war das Entstehen des Selbst (im Sinne von Rogers, nicht von Jung). Bald ergab sich auch das Bedürfnis der Selbstbeständigkeit und Voraussagbarkeit, was wiederum zu dem Bedürfnis, uns selbst vorauszusagen, führte. Schließlich hat die letzte Fähigkeit, die wir in der Persönlichkeitstheorie in Erwägung ziehen können, die Selbsttranszendenz (als bewußte Wahrnehmung unserer Verantwortung für die Existenz) natürlich zu dem Bedürfnis geführt, über das Selbst hinauszusehen: dem Bedürfnis nach Selbsttranszendenz.
Diese ausschließlich menschlichen Bedürfnisse bilden eine eigene Folge. Die kognitive Entwicklung ist für die Bildung des Selbst wesentlich; der Gedanke des Selbst ist unerläßlich für die Selbsttranszendenz; Selbsttranszendenz ist das vergeistigteste Entwicklungsstadium, die höchste der menschlichen Bestrebungen, die erfüllt werden kann oder auch nicht. Diese Bedürfnisse

hängen weitgehend von der tatsächlichen Lebenserfahrung ab und können daher als *kontingente* Bedürfnisse bezeichnet werden.

Es wäre recht bequem, die vorhergehende Liste der autonomen Bedürfnisse als eine absolute Hierarchie zu betrachten und den Entwicklungsfortschritt des einzelnen damit zu vergleichen. Aber solche Listen haben leider nur statistische Bedeutung und werden stark von der jeweiligen Kultur beeinflußt.

Der Begriff »Hierarchie«, der in Verbindung mit den Bedürfnissen sehr häufig vorkommt, kann irreführend sein. Er läßt vermuten, daß die »höheren« Bedürfnisse überlegen, stärker oder so etwas ähnliches seien. Ich möchte lieber den (der Geologie entlehnten) Ausdruck »geschichtete Ordnung« oder »Schichten-Ordnung« gebrauchen, der dieses Mißverständnis nicht aufkommen läßt.

In den frühen Entwicklungsstadien scheint sich die persönliche Entwicklung mehr einem statistischen Mittelwert anzunähern. Im späteren Verlauf wird sie differenzierter. Das hat eine enge Parallele in der Embryologie: Die Anfangsstadien des Wachstums sind kanalisierter oder typischer. Die Evolutionsbiologie zeigt in gleicher Weise, daß Phylogenese und Ontogenese morphologisch am engsten beieinander sind auf der embryonalen Entwicklungsebene, wie die eindrucksvolle Ähnlichkeit von Embryos der Säugetiere zeigt. Im Embryonalstadium wird das Wachstum ausschließlich von der »inneren« Information gelenkt, die auf vorhergehenden Stufen gebildet wurde, wobei keine neue Information aufgerufen wird. Hier ist das Wachstum konvergent (in bezug auf das typische Wachstum) oder »epigenetisch«, wie Waddington es ausdrückt. Das spätere Wachstum verarbeitet nach Bateson mehr und mehr Information von außen und geht divergent vor sich, wobei die Differenzierung einsetzt[4]. Ähnlich kann eine sich entwickelnde Person den »höheren« Bedürfnissen auf verschiedenen Wegen entgegenkommen. Dennoch ist nicht zu leugnen, daß es einen statistisch typischen »Weg« tatsächlich gibt.

Bei der Differenzierung werden vom Individuum Unterschiede festgelegt. Es folgt ein divergenter Prozeß, bei dem eine genaue und individuelle Trennung zwischen den verfügbaren Wahlmöglichkeiten und den bereits realisierten gemacht wird. Aber die letzten Entwicklungsstadien scheinen wieder konvergent zu werden, da sie dazu führen, das wieder zusammenzubringen, was im Differenzierungsstadium »ausgelassen« wurde, aus Unkenntnis oder mit bewußter Ablehnung. Aber es muß darauf hingewiesen werden, daß die Evolution selbst, wie schon erwähnt, auch solch eine konvergente Tendenz hat, die zur Differenzierung parallel verläuft und wahrscheinlich den Schlußpunkt darstellt. Obwohl all dies recht spekulativ ist, kann man durchaus argumentieren, daß jede Gattung, falls ihr genügend Evolutionszeit zur Verfügung steht, ungefähr die gleichen Entwicklungsstadien durchmachen würde, die die Menschheit durchgemacht hat. Sie würde (wie wir Menschen rein intuitiv annehmen) schließlich in einem wirklichen Schlußpunkt der Simplizität in der Komplexität zusammenlaufen, dem »Punkt Omega«, wie es Pierre Teilhard de Chardin ausgedrückt hat[5].

Die Bedürfnisse können daher sehr primitiv oder sehr verfeinert sein. Ihre Funktion jedoch als innere Sensoren, die den Zustand des Organismus abwägen, ist im wesentlichen bei allen dieselbe. Gleichgültig, wie verfeinert das Bedürfnis sein mag – die Mechanismen, die es regulieren, entsprechen denen der primitivsten Bedürfnisse und gehen auf diese zurück. Ein Mangel oder eine Erfüllung wird bei allen Bedürfnissen von Zustandsemotionen begleitet. Dieser Gedankengang wird eine Definition der Begriffe »Emotion«, »Motivierung«, »Instinkt«, »Trieb« und anderer Konzepte erfordern, die mit unterschiedlichen Bedeutungen in der Persönlichkeitstheorie verwendet werden, was recht verwirrend sein kann.

Um diesen Teil abzuschließen, lassen Sie mich noch hinzufügen, daß das phylogenetische Auftauchen der Bedürfnisse, ähnlich wie bei allen anderen Persönlichkeitskoordinanten, auch mittels jener Hypothese der »genetischen Entwicklung« erklärt werden kann, die im vorigen Kapitel vorgeschlagen wurde (vgl. o. S. 43ff). Die Bedürfnisse begannen als für das Überleben positive Anpassungen von *Gruppen* oder *Sozialsystemen* unserer Vorfahren, die länger anhielten als die Lebensdauer ihrer Mitglieder. Die Mutationen der aufeinanderfolgenden Generationen ihrer Nachkommen, die auf diese Anpassungen »abgestimmt« waren, machten diese Nachfolger überlebenstüchtiger. Dies wiederum verstärkte das Anpassungsverhalten des Systems. Schließlich wurden solche Anpassungen in unseren genetischen Code aufgenommen.

Zusammenfassung

1. Bedürfnisse sind innere »Sensoren«, die den Zustand des Organismus auswerten. Bedürfnisse spüren einen Mangel oder eine Befriedigung und signalisieren das dem übrigen Organismus mittels *Zustands*emotionen (Defizit oder Erfüllung). Die Qualität dieser Gefühle ist je nach dem Bedürfnis unterschiedlich.
2. Defizitzustände schaffen eine diffuse Erregung, die weiter durch Triebe, Instinkte und andere Koordinanten bestimmt wird.
3. Die autonomen Bedürfnisse können als eine Schichten-Ordnung angesehen werden, die eine bevorzugte Entwicklungsfolge darstellt, die *autonom* vor sich geht und die wir mit unseren vormenschlichen Vorfahren teilen. Eine weitere *kontingente* Schichten-Ordnung besteht aus Bedürfnissen, die sich aus unseren später entwickelten Fähigkeiten ergeben. Ihre Entwicklung hängt mehr vom tatsächlichen »Leben« ab, daher der Ausdruck »kontingent«.
4. Jede »kontingente« Persönlichkeitskoordinante, die höher als die autonomen ist, hat eine homöostatische Bedürfniskomponente, die mit den übrigen Bedürfnissen in Bezug steht.

Triebe und Instinkte

Wenn die Bedürfnisse Zustände der Befriedigung oder des Mangels aufdecken, wie reagiert dann ein Organismus auf einen Mangelzustand? Die archaischste Art ist ein willkürliches Verhalten, eine Probiermethode. Es wäre jedoch schwierig, einen Organismus zu finden, der nur so verfährt. Sogar ganz primitive Pflanzen weisen einen automatischen Tropismus auf, wie die Tendenz, die Chlorophyll enthaltenden Oberflächen zur Sonne zu wenden. Anpassungsverhalten, im Sinn einer bestimmten Reaktion auf innere und äußere Situationen, wurde in den genetischen Code fast aller Organismen eingebaut. Im Tierreich ist das evolutionäre Auftauchen solch angepaßten Verhaltens in den Trieben, automatischen Reflexen, Instinkten, angelernten Reflexen und anderen Arten des Lernens – ungefähr in dieser Reihenfolge – wiederzufinden. Die automatischen Reflexe werden uns nicht weiter beschäftigen, da sie bei der menschlichen Persönlichkeit nur eine geringe Rolle spielen. Das Lernen in seinen verschiedenen Formen wird Teil eines späteren Abschnitts sein, da es in vielerlei Hinsicht eine spätere evolutionäre Entwicklung ist als der Instinkt. Damit bleiben uns Triebe und Instinkte übrig als eine Evolutionserscheinung, die irgendwie mit den autonomen Bedürfnissen verwandt ist. Dies scheint eine recht gewagte Zweckbehauptung zu sein, denn die meisten modernen Psychologen bestreiten, daß der Mensch irgendwelche (gar signifikante) wirklichen Instinkte hat. Aber legen Sie das Buch nicht gleich weg. Die Instinkte sagen tatsächlich viel über die menschliche Persönlichkeit aus, wenn auch auf eine besondere Art und Weise.

Die Funktion der Triebe

Die Triebe kann man definieren als emotional getönte, ungelernte Ausrichtungen auf ein Verhalten, das darauf zielt, den Trieb selbst zu verringern. Das wird erreicht durch Wiederherstellung des Gleichgewichts (der Homöostase) in einer Situation, in der dem Organismus »etwas fehlt«. Einige Triebe sind von komplexer Umweltinformation verhältnismäßig unabhängig; sie sind ziemlich »blind«. Je nach der Komplexität des beteiligten Organismus werden die Triebe direkt auf die Aktion hingelenkt oder durch andere Persönlichkeitskoordinanten weiter organisiert.

Man könnte sagen, daß die Triebe eine »primäre« Kraft oder Energie darstellen, die durch höhere Persönlichkeitskoordinanten immer weiter kanalisiert wird, bis sie auf der anderen Seite als Verhalten wieder auftaucht. Das ist sicher ein gültiger Vorschlag, und er steht für ein Motivationsmodell, das jahrzehntelang in der Psychologie vorherrschte und fruchtbare Ergebnisse zeitigte. Es entspricht einer der vielen Formulierungen Freuds – seinem im wesentlichen hydraulischen Motivationsmodell, das sich auf den Sexualtrieb stützt. Das Systemdenken hat kürzlich eine umfassendere Erklärung hervorgebracht, die sich mehr auf eine kreisförmige Kausalität als auf eine lineare stützt. Ursache und Wirkung versteht man nicht nur als aufeinander folgend wie fallende Dominosteine, sondern auch als relevante Faktoren einer dynamischen Situation, die durch Wechselwirkung Folgezustände bestimmen. Diese neuere Ansicht kann als komplexe Matrix betrachtet werden, bei welcher die linear-kausale Sicht so etwas wie einen Querschnitt oder Einzelfall darstellt.

Die Gesamtheit des Organismus ist einer kreisförmigen Kausalität unterworfen, da nämlich die Bedürfnisse, Triebe, Instinkte und andere Persönlichkeitskoordinanten von der gesamten wahrgenommenen Situation beeinflußt werden; diese wiederum wird von den Bedürfnissen des Organismus, den Trieben usw. beeinflußt. Der Hunger ist größer, wenn man das Essen schon in Reichweite sieht. Die läufige Hündin erregt Sexualtriebe im Hund. In diesen Situationen beeinflußt die Umgebung die Bedürfnisse. Andererseits und im Gegensatz dazu können schwere Mängel die Wahrnehmung der Realität verändern; für den Hungrigen wird alles zur Suche nach Nahrung. Wenn wir die Motivation so sehen, kann man nicht absehen, wo dieser Motivationszyklus abzubrechen ist und wir mit einer Anfangskraft oder einem Urmotiv einsetzen sollen. Für den Zweck der vorliegenden Arbeit ist deshalb das Verhalten das Ergebnis einer komplexen Wechselwirkung zwischen der Situation außerhalb und der Situation innerhalb des Organismus, wobei letztere durch das System der Persönlichkeitskoordinanten vertreten ist, die diesem Organismus zur Verfügung stehen.

Das Verhalten in den frühen Entwicklungsstadien unseres Organismus, wie auch bei primitiveren Organismen, ist mehr auf die innere als auf die äußere Situation zentriert. Im Gegensatz dazu führt die weitere ontogenetische Entwicklung oder die größere phylogenetische Komplexität zu einer stärkeren Unterordnung der autonomen Bedürfnisse unter die höheren Persönlichkeitskoordinanten und die wahrgenommene Gesamtsituation. Die *Prägung* ist ein gutes Beispiel für ein Verhalten, das die Umweltsituation kaum unterscheidet. Eine junge Graugans, um das Beispiel von Konrad Lorenz zu verwenden, hat eine frühe und kurze Periode in ihrer Entwicklung, in der sie die »Mutter« identifizieren muß. Falls ihr in dieser Periode nun ein Ball, eine Person oder ein anderer beweglicher Gegenstand als »Mutter« vorgesetzt wird, folgt sie von da an diesem als Ersatzmutter. Eine Illustration einer größeren Unterscheidung der äußeren Situation wäre der Instinkt jeder Maus, jederzeit in Fluchtstellung zu gehen, sobald eine Katze auftaucht.

Zusammenfassend kann man sagen, daß die Triebe als Antworten auf die diffuse Erregung, die durch ein Bedürfnis hervorgerufen wird, betrachtet werden können. Sie sind intensiv und gerichtet. Man kann sie sich bildlich als Vektoren vorstellen (eine Größe mit Richtung). Intensität und Richtung eines Triebes und des ihm zugrundeliegenden Bedürfnisses werden von der Systembeziehung zum übrigen Organismus beeinflußt. Die Richtung des Triebes, sein Ziel, kann einfach und direkt oder auch hoch differenziert und durch andere Koordinanten organisiert sein. Triebe gehen mit allen Bedürfnissen einher, nicht nur mit den autonomen. Es gibt auch so etwas wie einen kognitiven Trieb oder sogar einen Trieb zur Selbsttranszendenz. Das momentane Verhalten eines Organismus könnte als Ergebnis der Vektorensumme aller bestehenden Triebe angesehen werden.

Die Funktion der Instinkte

Da ich nun das Wort »Instinkt« verwendet habe, möchte ich auch festlegen, welche seiner vielen Bedeutungen ich verwenden werde: In diesem Buch bedeutet es weder »Reflexverhalten« noch »Trieb«, wie oben definiert wurde. (In der Übersetzung der Werke Freuds durch Strachey wurde das deutsche Wort »Trieb«, das mit »drive« am besten übersetzt wird, verwirrenderweise als »Instinkt« wiedergegeben.) Mit dem Begriff *Instinkt* bezeichne ich hier eine emotional gefärbte Tendenz zu einem komplexen Verhalten, das durch eine bestimmte Situation innerhalb oder außerhalb des Organismus ausgelöst wird. Dieses Verhalten ist nicht angelernt, sondern angeboren und auf die ganze Art ausgedehnt. Zugegeben, Instinkte werden durch Lernen verändert und vervollständigt, wie die Verhaltensforscher gezeigt haben (Thorpe, Tinbergen, Lorenz). Ihre Grundstruktur ist jedoch genetisch festgelegt. Das Beunruhigende bei Instinkten ist ihre schier unglaubliche Intelligenz und komplexe Zielstrebigkeit bei Organismen, die tatsächlich einen sehr geringen Intelligenzgrad aufweisen. Wie haben denn die Ameisen, die einzeln so dumm wirken, gelernt, ihren Ameisenstaat aufzubauen, so vollständig mit Sklaven, Kühen, einer Armee, sozialen Klassen und dergleichen? Hier ist wiederum eine mögliche Antwort, daß die Komplexität des Systems und die selektive Mutation progressiv einander stärkten, wie wir das bei den Leuchtkolben der Laternenfische gesehen haben.

Um dies noch etwas weiterzuführen: Man weiß, daß das instinktive Verhalten von Tieren (und Menschen) mit emotionalen Zuständen einhergeht, die den Verhaltensverlauf vorbereiten, durchführen und beenden. Diese Emotionen sind bei Tieren genau untersucht worden und durch Daten über die Endokrine, Nerven und Verhalten bewiesen. Die Emotionen können daher, wie oben gesagt, *Zustands*emotionen (Vergnügen, Mißvergnügen) sein, die durch die Bedürfnisse, auf die sie sich beziehen, qualifiziert sind, oder auch *Haltungs*emotionen, die sich auf einzelne Triebe und Instinkte beziehen und durch die (innere und äußere) Gesamtsituation qualifiziert werden. Freude, Verzweiflung, Enttäuschung sind *Zustandsemotionen* des Menschen. Furcht, Haß, Optimismus sind *Haltungsemotionen.* Wenn unsere Haltung weitergelenkt wird hin zu einem offenkundigen Verhalten, sprechen wir von *Impulsen.* Man beachte, daß die Kapitelüberschrift »Triebe und Instinkte« die gesamte Situation umfaßt, sowohl Einstellungen als auch Impulse und die sich daraus ableitenden Komponenten.

Die Archetypen

So weit, so gut. Aber wie ist all dies für die menschliche Persönlichkeit relevant? An dieser Stelle möchte ich mich auf einen Teil des bisher nicht voll anerkannten Beitrags C.G. Jungs zur Motivationstheorie beziehen. Greifen wir noch einmal die gewagte Behauptung auf, daß die Instinkte für die Erforschung der menschlichen Persönlichkeit von Bedeutung sind. Hat ein Mensch wirklich Instinkte? Einige Psychologen, insbesondere William McDougall, haben genaue Listen menschlicher Instinkte aufgestellt. Aber versteht man sie so, wie sie oben definiert wurden, muß man zugeben, daß der Mensch nur wenig »Instinkt«-Verhalten zeigt. Vielleicht kann man das Saugen und ein paar andere Erscheinungen beim Kleinkind als instinktiv bezeichnen, aber es ist ganz klar, daß Erziehung und Lernen den offenkundigen Inhalt fast jeder menschlichen Tätigkeit bilden. Wie sieht es da mit unserer gewagten Behauptung aus? Um dies zu beantworten, wollen wir uns daran erinnern, daß die Verhaltensforscher festgestellt haben, daß viele Tierinstinkte ziemlich undifferenziert sind, wenn sie nicht durch Lernen »vervollständigt« werden. Nach Berichten von W. H. Thorpe haben Buchfinken einen recht kümmerlichen Gesang, wenn man sie von klein auf von ihren erwachsenen Artgenossen fernhält. Nur der Kontakt mit den anderen Vögeln seiner Art führt dazu, daß der Buchfink auch die Nuancen dieses Gesangs erlernt, der sich durch seinen schönen Klang auszeichnet[6]. Der Gesangsinstinkt des Buchfinken hat somit eine nur halb ausgefüllte Struktur oder Form; ein Großteil des Inhaltes wird erlernt. Das ist der Prüfstein: Was in uns von den Instinkten unserer entferntesten Vorfahren übriggeblieben ist, ist ihre *Form* oder *Struktur*, meist ohne irgendwelchen Verhaltensinhalt. Jung nannte diese Formen »Archetypen« und behauptete, daß es so viele davon gibt, wie es wiederkehrende typische Situationen in der menschlichen Erfahrung aller Zeiten gibt. Das gleiche kann man auch von Tierinstinkten sagen. Der Unterschied dabei ist, daß bei uns Menschen die tatsächliche Auswahl unter den wahrgenommenen Situationen, die die Archetypen (mit dem Ausdruck von Jung) »konstellieren«, zum größten Teil angelernt ist. Auch angelernt sind die Verhaltensmuster, die aus einer bestimmten Situation das für uns Beste machen, gemäß der ererbten Weisheit unseres Organismus. Die *Form* der Archetypen ist dieselbe wie die der vorhergehenden Instinkte oder dieser ähnlich. Der *Inhalt* ist anders und eine Besonderheit der Erfahrung des einzelnen. Die Bedeutung (die potentielle Einstellung und Empfindung), die mit einem Archetyp einhergeht, ist ebenfalls der ihrer evolutionär expliziten Form, dem Instinkt, analog. Auf dieser angeborenen, genetisch expliziten (genotypischen) Motivationsebene wird die Bedeutung physisch durch die Emotion dargestellt (oder den Affekt; ich werde später zwischen Emotion, Affekt und Gefühl unterscheiden). Ich möchte hier einige der vielen Äußerungen Jungs über die Archetypen zitieren:

»Das, was die Psychologie als Archetypus bezeichnet, ist nichts anderes als ein gewisser häufig vorkommender *formaler* (Kursivschrift nicht im Original) Aspekt des Instinktes, und ebenso a priori gegeben wie dieser«[7].

»Es gibt so viele Archetypen, als es typische Situationen im Leben gibt. Endlose Wiederholung hat diese Erfahrungen in die psychische Konstitution eingeprägt, nicht in Form von Bildern, die von einem Inhalt erfüllt wären, sondern zunächst beinahe nur als *Formen ohne Inhalt*, welche bloß die Möglichkeiten eines bestimmten Typus der Auffassung und des Handelns darstellen«[8].

»Der Archetypus ist ein an sich leeres, formales Element, das nichts anderes ist als eine ›facultas praeformandi‹, eine a priori gegebene Möglichkeit der Vorstellungsform. Vererbt werden nicht die Vorstellungen, sondern die Formen, welche in dieser Hinsicht genau den ebenfalls formal bestimmten Instinkten entsprechen«[9].

»(Der Archetypus) besitzt einen invariablen Bedeutungskern, der stets nur im Prinzip, nie aber konkret seine Erscheinungsweise bestimmt«[10].

Archetypen repräsentieren die Weisheit, die sich über die Zeiten hin als eine Art Gedächtnis unserer Gattung angesammelt hat und in der festgehalten ist, wie wir »am besten« überleben, uns entwickeln und zu dem werden, was wir sein könnten. In der Systemsprache ausgedrückt: Sie haben ein Richtungsgedächtnis und ein nicht besonders entwickeltes Datengedächtnis. Die Archetypen enthalten eine Richtung, eine Bedeutung, und zwar nicht nur im Sinne der »besten« Haltung in einer gegebenen Situation: als »Knotenpunkte« einer kollektiven Matrix der menschlichen Möglichkeiten sind sie auch die den höheren Persönlichkeitskoordinanten zugrunde liegenden Strukturen. Die Möglichkeiten des Lernens, des Erkennens, des Selbst und der Selbsttranszendenz sind vorgeformt, sind Möglichkeiten, die auf der Richtungsstruktur der Archetypen aufgebaut sind.

Wenn wir auf das Modell zurückkommen, das wir am Ende des zweiten Kapitels besprochen haben, kann man feststellen, daß jener Teil der kollektiven Matrix der möglichen menschlichen Beziehungen, der in unserer genetischen Struktur am festesten verankert ist, durch autonome Bedürfnisse, Triebe und Instinkte dargestellt ist. Die Instinkte, wie wir gesehen haben, sind bei uns Menschen immer noch zwingend, aber sie sind schon viel mehr dem Lernen des Verhaltensinhaltes unterworfen als die Triebe und Bedürfnisse. Wir haben festgestellt, daß sogar bei vielen Tieren die Instinkte nicht ganz »vollständig« sind; angelerntes Verhalten kommt in einem gewissen Ausmaß hinzu. Bei uns Menschen macht das angelernte Verhalten den größten Teil des Inhalts der Instinkt-Formen (oder Archetypen, in einer der Bedeutungen bei Jung) aus. Ich sehe auch keinen besonderen Grund, die menschlichen Instinkte irgendwie anders zu nennen. Sie unterscheiden sich von den tierischen Instinkten nur durch ihren Inhalt, aber nicht durch die darunterliegende Struktur.

Ist es erstaunlich, daß die Menschen ihre Instinkte als solche, also deren Inhalte, verloren haben? Überhaupt nicht. Unser größter Vorteil ist die Anpassungsfähigkeit. Hätten wir immer noch die vollen Instinkte, würden wir bei einem Überfall durch einen Räuber wohl auf einen Baum klettern; oder wir würden an einem Buch riechen und es nicht lesen. Probieren Sie einmal weitere Beispiele durch, und Sie werden sehen, daß der Verlust der »vollen« Instinkte mit ihrem Verhaltensinhalt – von der Evolution her gesehen – eine große Befreiung war. Wir wären aber kaum Menschen, wir hätten keine »menschliche Natur«, würden uns die Archetypen nicht helfen, die Bedeutung einer Situation und unserer Einstellung zu ihr zu erkennen.

Ein Beispiel soll diese Ausführungen erhärten. Nehmen wir wieder jene Gruppe von Hominiden, die wir schon einmal beobachtet haben. Stellen Sie sich die instinktiven und emotionalen Prozesse vor, die in einem Führer dieser Gruppe ablaufen, wenn er seine kleine Armee gegen eine Gruppe von Feinden anführt, die als unschlagbar gilt. Zuerst ist da ein Gefühl der Besorgnis; dann, beim Erkennen eines taktischen Vorteils, Siegeszuversicht; dann die Entschlossenheit, eine Attacke zu starten; Wut und Aggression beim tatsächlichen Kampf und schließlich das glorreiche Gefühl des Sieges. All dies im Zusammenhang mit nackten Körpern, Schweiß, Knüppeln, Krallen, Knurren und

Blut. Wechseln wir die Szene und betrachten wir den britischen General und seine Armee beim Angriff auf die deutschen Truppen unter Rommel in Afrika. Sind nicht Einstellung, Bedeutung und Gefühle die gleichen, nur diesmal in einer Umgebung von Schweiß, Panzern, Bombern und Blut?

Was C.G. Jung über die Archetypen sagt, geht weit über das von mir Erwähnte hinaus. Archetypen, als die Strukturen der Instinkte, sind nicht nur unser »Weg« zu den Einstellungen und Emotionen »von unten« her in wiederkehrenden Situationen; sie sind Gesetze, die uns als System in unserer kollektiven Biologie mit unserer Gattung vereinen, mit dem »Lebensbaum« und, letztlich, mit allem, was existiert, über das Hier und Jetzt hinaus. Dieser Gedankengang führt uns zu Überlegungen, die wir uns besser für später aufheben, nachdem wir auch die übrigen Persönlichkeitskoordinanten betrachtet haben.

Der Einfluß der Archetypen auf unser individuelles und kollektives Verhalten wurde weit unterschätzt – ganz im Gegensatz zu den Motivationstheorien, die das Konditionieren, die Kognition und das Selbst unterstreichen. Wir wissen kaum etwas davon, wie die Archetypen funktionieren, da wir sie nie direkt wahrnehmen können, sondern immer nur durch ihre Ergebnisse. Diese Ergebnisse werden sehr oft anderen Faktoren zugeschrieben. Die Archetypen können als Gesetze auftreten, die die Menschen als Systeme zusammenbinden (Jungs kollektives Unbewußtes) und unser kollektives Verhalten in einer Weise lenken, die gegen die Vernunft verstößt. Haben Sie schon einmal die kriegerische Verrücktheit gespürt, die Sie packt, wenn Sie hinter einer Militärkapelle hermarschieren? Erinnern Sie sich an die mächtige Machtlosigkeit, die das Verliebtsein bedeutet?

Viele dieser uralten typischen Erfahrungsformen unserer Gattung wurden von Jung mit scharfer Beobachtungsgabe beschrieben. Er verzeichnete ihre Äußerungen als archetypische Symbole in Träumen, in der Mythologie, in der Alchimie und auch in der Religion. Kann man daran zweifeln, daß bei einem Mann das Bild einer Frau Einstellungen und Gefühle hervorruft, die tausend- und abertausendmal vor ihm erlebt wurden und nun wieder von ihm? In diesem Reich gibt es tatsächlich nichts Neues unter der Sonne – zumindest in den Zeitspannen, die wir uns vorstellen können.

Einige Psychologen, insbesondere Verhaltensforscher, sehen im Menschen Tiere, die sich erstklassig trainieren lassen. Aber gib einer Person ihre Freiheit, und das »Menschliche« an ihr (die archetypische Natur) wird immer wieder durchbrechen. Die menschliche Natur ist schließlich *Natur,* und wir können sie kaum kontrollieren, nicht einmal in uns selbst. Die Bedürfnisse sind die »autonomsten« unserer Persönlichkeitskoordinanten; die Triebe und Instinkte sind es nur ein wenig weniger, obwohl sie weit proaktiver, zielstrebiger usw. sind. Sie alle sind unsere älteste, am wenigsten auflösbare Verknüpfung mit der Natur mit ihrer überwältigenden Kraft, und unser Wille hat nur begrenzten Zugang zu ihnen, um sie zu verändern. Aber mehr davon später.

Damit kommen wir zum Ende der Besprechung jener autonomen Koordinanten des Verhaltens – autonome Bedürfnisse und Triebe/Instinkte –, die am meisten »vorgegeben« sind durch unser Erbe. Sie sind autonom, weil sie, wie schon gesagt, ererbt sind; weil sie nur begrenzt dem Willen unterworfen sind; weil sie, vom Gesichtspunkt unseres Bewußtseins aus, einen inneren Zwangscharakter haben, mit dem wir, wie mit unserem Körper, fertig werden müssen; und weil sie letztlich unergründlich sind, gedanklich nicht faßbar und nur durch ihre Folgen wahrnehmbar.

Die übrigen, evolutionär jüngeren Koordinanten, wie erlernte Dispositionen, Kognition, Selbst und Selbsttranszendenz, sind andererseits abhängiger und kontingenter in bezug auf die persönliche Erfahrung und haben zunehmend mehr mit dem Bewußtsein und dem Willen zu tun. Deshalb sind das *kontingente* Koordinanten. Jedoch muß ich auch hier warnen: So scharfe Trennlinien, wie ich hier gezogen habe, gibt es in der Wirklichkeit nicht. Jede Koordinante fließt in die nächste über und ist auf alle anderen bezogen in einem komplexen Kontinuum. Die Eigenschaften in jeder Gruppe sind einfach jene, die in ihr überwiegen.

Zusammenfassung

1. Bedürfnisse, Triebe und Instinkte sind die autonomeren Vorläufer des Verhaltens. Die von ihnen ausgelösten Impulse können in einem Verhalten enden oder auch nicht. Das hängt von ihrem Zusammenspiel mit den übrigen Persönlichkeitskoordinanten ab. Vor den Trieben/Instinkten kann es Zustandsemotionen gegeben haben, die aus Bedürfnissen oder aus der ganzen inneren und äußeren Situation oder aus beidem stammen. Die Äußerungen der Triebe und Instinkte werden durch Haltungsemotionen dargestellt.
2. Archetypen sind die Strukturen hinter den Instinkten. Sie entsprechen den Instinkten ohne Verhaltensinhalt. Es gibt so viele Archetypen wie typische, wiederkehrende Situationen, bezogen auf die Erfahrung unserer Gattung.
3. Die Archetypen entsprechen der gattungsweiten biologischen Bedeutung wiederkehrender Situationen, die von den Instinkten in ererbte Haltungen übersetzt werden, die dem Interesse des Überlebens und der Entwicklung des einzelnen und der ihn stützenden Umgebung dienen.
4. Der tatsächliche Verhaltensinhalt der menschlichen Instinkte ist angelernt. Das gibt uns Menschen eine Anpassungsfähigkeit, die bei den Tieren gehemmt ist durch festgelegte Verhaltensinstinkte und durch ihre Genetik.

IV. Die kontingenten Persönlichkeitsebenen: Erlernte Dispositionen, Kognition, Selbst und Selbsttranszendenz

Im dritten Kapitel haben wir die Persönlichkeitskoordinanten untersucht, die am autonomsten und uns als unser genetisches Erbe am meisten »gegeben« sind – die autonomen Bedürfnisse, Triebe und Instinkte. Wir haben gesehen, daß die Instinkte Formen sind, die anfänglich keinen Inhalt haben und fähig sind, Haltungen und Emotionen hervorzurufen, die darauf warten, mit Erfahrungsinhalt ausgefüllt zu werden, um tätig werden zu können. In diesem Kapitel werde ich die Koordinanten untersuchen, die diesen Erfahrungsinhalt vermitteln und deren Entwicklung oder »Werden« mehr vom Schicksal des einzelnen abhängt. Ich werde auch ihre Hierarchie aufstellen aufgrund ihres Auftauchens in der Evolution.

Die höher organisierten kontingenten Persönlichkeitskoordinanten wie die Kognition (wenn wir Jean Piaget folgen) oder das menschliche Selbst (wenn wir Carl Rogers zitieren) haben ebenfalls Grundstrukturen, die der Menschheit gemeinsam und genauso ererbt sind wie diejenigen, die den Bedürfnissen oder den Instinkten unterliegen. All diese grundlegenden Strukturen, sowohl ihre kollektiv ähnliche Form als auch ihre individuellen Unterschiede, sind »vorgegeben«, vorgeformt als Möglichkeiten, die darauf warten, Lebensinhalt zu bekommen.

Erlernte Dispositionen

Das Wort »Disposition« hat in der Psychologie viele Bedeutungen. Da es nicht viele ähnliche Wörter gibt und alle in ihrem Gebrauch etwas nebulos sind, werde ich bei »Disposition« bleiben, statt bei irgendeiner schwierigen Wortneubildung Zuflucht zu suchen. Ich will es aber präzisieren: Unter »Disposition« verstehe ich »das unmittelbare, nicht bedachte, *erlernte* potentielle Verhalten in einer gegebenen sich wiederholenden Situation«. Mit »unmittelbar« und »nicht bedacht« meine ich, daß das zögernde Nachdenken dabei keine direkte Rolle spielt (wir werden später feststellen, wie das Nachdenken ebenfalls Dispositionen schaffen kann); mit »erlernt« meine ich, daß der spezifische Auslöser (die Situation) und die mögliche Reaktion darauf (Handlung) schon vorher einmal durch Erfahrung identifiziert wurden und nun als Möglichkeit gespeichert sind; mit »potentiell« meine ich, daß vor dem tatsächlichen Verhalten andere Koordinanten mitspielen können.
Warum habe ich diese Persönlichkeitsebene als wichtig genug ausgewählt, um sie als eine der Koordinanten zu betrachten? Weil dies die Ebene ist, auf welcher ein Teil der inneren menschlichen Konflikte ausgetragen wird. Es ist ferner eine Ebene, die von den Behavioristen sehr stark beachtet wurde.
Ich habe den Bereich der Dispositionen in jene aufgeteilt, die direkt mit den einfacheren Lernformen einhergehen, die wir »Konditionieren« nennen, und jene, die auf andere Einflüsse bezogen sind. An dieser Stelle werden wir nur das Konditionieren betrachten; um die anderen Dispositionen zu erklären, muß zuvor die übrige Persönlichkeit, mit welcher jene Dispositionen vermittelt sind, von der Evolution her analysiert werden.

Konditioniertes Lernen

Die konditionierten Dispositionen entsprechen weitgehend dem Untersuchungsgebiet des strengen Behaviorismus. Die Behavioristen haben diese Persönlichkeitsebene mit einer derartigen Faszination untersucht, daß einige darin den Schlüssel zu jeglichem menschlichen und tierischen Verhalten gesehen haben, in echt reduktionistischer Manier. Mit dieser Bemerkung möchte ich ihre Ergebnisse keineswegs abwerten, sondern den strengen Behaviorismus nur an die richtige Stelle setzen, wenn wir die menschliche Natur betrachten, und das ist das »Konditionieren« und manches mehr. Aber dieses reduktionistische Vorgehen hat uns einen Grad an Präzision und Klarheit zur Verfügung gestellt, den wir Generalisten kaum je erreichen könnten.

Die Dispositionen sind die Aufzeichnungen, die das Lernen in unserem Gedächtnis hinterlassen hat. Aber der Begriff »Lernen« ist weit umfassender und kann praktisch in drei Grundklassen aufgeteilt werden, die von der primitivsten bis zur jüngst entwickelten und damit in der Hierarchie der Persönlichkeit höheren Stufe reichen: a) klassisches Konditionieren (Pawlowscher Reflex oder Reflexkonditionieren), b) operatives Konditionieren (Lernen durch Ausprobieren) und c) Erkennen (hierbei handelt es sich um ein Abweichen von der orthodoxen Lehre, die ich später erklären werde). Der Schlüssel zu ihrem evolutionären Auftauchen ist das *Gedächtnis*, das die Komplexität der zurückbehaltenen Information und die Zeitspanne ihrer Aufbewahrung einschließt.

Das klassische Konditionieren erfordert weniger Gedächtnis als das Erkennen, welches das Gedächtnis am meisten beansprucht. Wir wollen dies einmal näher untersuchen. Das Lernen, in behavioristischen Begriffen, umfaßt einen Reiz (Stimulus), eine Reaktion (Antwort) und eine Verstärkung. Beim klassischen Konditionieren kommen die Reflexe oder unwillkürlichen Reaktionen ins Spiel, die sich auf wirkliche Grundbedürfnisse beziehen wie Hunger, Durst, Sicherheit oder Selbsterhaltung. Durch besondere Techniken wird der Reiz, der eine bestimmte Reflexreaktion hervorruft, durch einen »konditionierten« Reiz ersetzt, wobei normalerweise beide Reize gleichzeitig eingesetzt werden. Von da an wird der konditionierte Reiz gleichzeitig mit einer nicht mit ihm in Bezug stehenden Reaktion präsentiert; damit wird diese nicht in Bezug stehende oder »konditionierte« Reaktion mit dem konditionierten Reiz in Verbindung gebracht. – Denken Sie bei dieser ziemlich abstrakten Beschreibung an den berühmten Pawlowschen Hund: Zeigt man ihm Freßbares (Reiz), läuft ihm das Wasser im Mund zusammen (Reflexreaktion). Nach einer Weile läßt man beim Zeigen des Freßbaren (Reiz) gleichzeitig eine Glocke erklingen (konditionierter Reiz), und das wiederholt man so lange, bis der Hund das Zusammengehören von Freßbarem und Glockenton »gelernt« hat. Jetzt kann man den Knochen weglassen und nur die Glocke läuten – dem Hund wird auch dann das Wasser im Mund zusammenlaufen.

Auf diese Art können Tiere und oft auch Menschen darauf trainiert werden, auf einen gewünschten Reiz mit einer gewünschten Handlung zu reagieren. Diese Art von Lernen erklärt auch sehr irrationales menschliches Verhalten, wie zum Beispiel die Phobien. Eine an sich vollkommen unbedrohliche Situation (etwa wenn einem eine schwarze Katze über den Weg läuft) wird wiederholt verbunden (und dadurch verstärkt) mit einem Stimulus, der Schrecken hervorruft. Dadurch wird die schwarze Katze zum konditionierten Reiz für das Gefühl des Schreckens. Die Verhaltenstherapeuten, die mit diesen Problemen zu tun haben, erzielen gute Erfolge bei der Umkehrung dieser angelernten Reaktion, indem sie diesen Reiz – die schwarze Katze – mit Reizen und Reaktionen assoziieren, die neutrale oder angenehme Gefühle hervorrufen. Das Wichtige dabei ist aber, daß diese Art von Lernen kaum Information enthält und nur eine kurze Zeitspanne zwischen Reiz und Reaktion zuläßt (Kurzzeitgedächtnis) und daß sie sowohl bei sehr primitiven Tieren als auch durchaus beim Menschen noch möglich ist.

Als die phylogenetische Entwicklung unserer Gattung uns (und auch andere Gattungen) mit einem besseren Langzeitgedächtnis ausstattete und mit komplexerer Informationsverarbeitung, entstand eine neue Art von Lernen, die wir auch mit vielen anderen Gattungen teilen: das operative Konditionieren. Das ist jenes »königliche« Verhalten, bei welchem wir Tätigkeiten »entsenden« in Erwartung des gewünschten Reizes. Ein Kätzchen zum Beispiel wird ein ungezieltes Verhalten »entsenden« bei dem Versuch, eine Maus an der Flucht zu hindern. Jene Aktionen oder »Antworten«, die dadurch belohnt werden, daß die Maus nicht flieht, werden verstärkt, die anderen nicht. Ein Baseballspieler wird verschiedene Ballkurven ausprobieren; diejenigen, die einen Verlustpunkt für die andere Mannschaft verursachen, werden verstärkt und die anderen verworfen. – Bei dieser Art von Lernen muß die Erinnerung an die ausgesandten Reaktionen so lange anhalten, bis die Konsequenzen wahrgenommen werden können. Das Gedächtnis muß darüber hinaus fähig sein, die eigenen Aktionen zu behalten. Je länger dabei das Langzeitgedächtnis und je komplexer die Fähigkeit, Information zu verarbeiten, um so verfeinerter wird diese Art des Lernens sein.

Das Problem der Verstärkung

Das ist natürlich eine sehr skizzenhafte Darstellung des konditionierten Lernens. Sie zeigt aber, daß die Grundtheorie sehr klar ist. Weit weniger klar sind die Lösungen des Problems der Verstärkung, einschließlich der Frage, was das eigentlich ist, was ein Organismus »will« oder ablehnt. Die Behavioristen haben sehr ausgeklügelte Theorien dafür. Die Arbeit von D.O. Hebb[1] und D. Premack[2] wäre dienlich, wenn Sie wissenschaftliche Beweise für die Komplexität des Lernaufbaues benötigen. Aus ihrer Arbeit geht deutlich hervor, daß es keine Verstärker gibt, die immer wirken. Verschiedene innere und äußere Bedingungen bringen verschiedene Abstufungen der Verstärkerkraft hervor. Im Licht unserer Persönlichkeitstheorie ist diese Schlußfolgerung auch evident. Denn die Persönlichkeit wird als sehr komplexe Organisation von Bedürfnissen betrachtet, die sich untereinander behindern oder verstärken können. *Welches* Bedürfnis aber oder welche Kombination von Bedürfnissen in einem bestimmten Augenblick als Verstärker dient, hängt von dem momentanen Zustand des ganzen Bedürfnissystems ab. Ein zufriedener Magen wird Hunger als Verstärker ausschalten; ein großer Durst nach dem Sinn des Lebens kann die höchsten geistigen Bedürfnisse in mächtige Verstärker verwandeln. Die Bekehrung des Paulus auf seinem Weg nach Damaskus ist ein Zeugnis dafür. Die Dispositionen können durch Verstärkung »von unten« (durch die Bedürfnisse und Triebe/Instinkte) gebildet werden, durch Verstärkung »von oben« (durch die höheren Koordinanten) oder auch durch Verstärkung »von hinten« (durch den Einfluß des Unbewußten).

Je primitiver die Art von Lernen ist, einschließlich der Schaffung unseres Erfahrungsarchivs, um so weniger wird es sich vom Willen beeinflussen lassen und um so weniger gewollt ist seine Wirkung auf unser Verhalten. Sie werden dem sicher zustimmen, daß sich die gelernten Dispositionen in bezug auf den Grad, in welchem wir sie ändern können, voneinander unterscheiden. Man kann nicht einfach den Entschluß fassen, keine Angst zu haben, wenn man plötzlich am Rand eines Abgrundes steht, oder diese Angst einfach wegdenken. Um eine schlechte Angewohnheit beim Golfspielen loszuwerden, braucht man Übung. Dennoch sind die Dispositionen nicht mehr im strengen Wortsinn autonom, denn wir können sie durch Selbstmanipulation verändern. Sie sind relativ kontingent, das heißt, sie hängen von unserem Willen und unserem Schicksal ab.

Wenn man die grundlegenderen Koordinanten betrachtet, so bildet die Disposition den Inhalt, der die Struktur oder Form der Bedürfnisse und Triebe bis zu unserer unmittelbaren Gegenwart ausfüllt. Diese Strukturen variieren kaum, obwohl sie im Lauf der Entwicklung verschiedene Facetten aufweisen. Ihr sich wandelnder Inhalt stammt aus dem Lernen, aus der Erfahrung, und zwar in Form der Dispositionen.

Ich habe die Dispositionen als ein späteres Evolutionsprodukt als die Instinkte festgelegt. Man könnte natürlich fragen, ob die

Lernfähigkeit auf einer phylogenetischen Zeitskala vor oder nach den Instinkten auftaucht. Es ist mehr als wahrscheinlich, daß sie während der Evolution fast gleichzeitig auftraten. Aber hinsichtlich der individuellen Persönlichkeitsentwicklung gibt es kaum einen Zweifel daran, daß hier die Strukturen zuerst vorhanden sind, daß sie die fundamentalsten Ebenen sind und das Lernen sich später entwickelt hat.

Ich habe schon vorher festgestellt, daß jede kontingente Persönlichkeitskoordinante eine homöostatische Bedürfnisstruktur hat und eine archetypische, proaktive Struktur. So gesehen, werden die Dispositionen von einem homöostatischen Bedürfnis nach Erfahrung gesteuert, das heißt, man erwartet ein ausreichendes Repertoire relevanter (auf die tatsächliche Situation abgestimmter) Reaktionen, mit welchem die autonomen Strukturen (Bedürfnis und Trieb) ausgefüllt werden können. Wie schon gesagt, ist diese Persönlichkeitskoordinante wahrscheinlich so alt wie die Bedürfnisse und Triebe/Instinkte. Sie gehört aber zu einer anderen Klasse – der der kontingenten Koordinanten –, da sie schon weitgehend von der tatsächlichen Lebenserfahrung abhängt. Ihr proaktiver Aspekt ist es, daß sie nach immer feineren Wegen sucht, diese Erfahrung zu erreichen.

Selbst ein noch ausgeprägteres Langzeitgedächtnis mit noch komplexerer Struktur als dasjenige, das für das konditionierte Lernen erforderlich ist, ist mit der evolutionären Entwicklung verbunden (vgl. den folgenden Abschnitt). Diese findet man an der Wurzel des kognitiven Prozesses, der wiederum das organisiert, was man »kognitive Disposition« nennen könnte oder auch »Konstrukte«.

Bei uns Menschen ist das Lernen eine vielschichtige Fähigkeit. Auch die primitivsten Formen des Lernens haben wir noch, obwohl sie durch die Systemverbindungen zu anderen Koordinanten verändert sind. Sie sind Ressourcen, die harmonisch mit der übrigen Persönlichkeit zusammenwirken; sie können aber auch »ihre eigenen Wege gehen« und bestimmte Arten von Fehlverhalten verursachen.

Zusammenfassung

1. Die Dispositionen sind unmittelbare, unreflektierte, *erlernte* mögliche Verhaltensmuster für analoge, sich wiederholende Situationen.
2. Die Dispositionen sind Erfahrungsaufzeichnungen im Gedächtnis, die durch Konditionieren erlernt wurden (konditionierte Dispositionen), die entweder keine Kognition in Anspruch nehmen oder die die Kognition miteinbeziehen (kognitive Dispositionen).
3. Die Dispositionen sind unter anderem der erlernte Inhalt, der die Strukturen der Bedürfnisse, Triebe und Instinkte »ausfüllt«.
4. Die Dispositionen werden »von unten her«, von den Bedürfnissen, organisiert, »von oben her«, von höheren Persönlichkeitskoordinanten, und auch »von hinten«, von unbewußten Faktoren.

Kognition

Wir kommen nun zu einer noch komplexeren Form des Lernens, die mit Konzeptbildung, Hypothesenkonstruktion und Experimenten bei der Bildung von Konstrukten zu tun hat. Bei der Erklärung dieser auf den ersten Blick etwas verwirrenden Begriffe im Zusammenhang mit der Evolution wird uns wieder das Gedächtnis durch den Fahrplan der Erkenntnisentwicklung führen.

Symbolisieren und Nachdenken

Ich möchte mit der Feststellung beginnen, daß auch die Kognition noch nichts ausschließlich Menschliches ist, sondern mit der Entwicklung des Gehirns schon bei den Primaten irgendwann im Myozän auftaucht; und zwar in jenem Entwicklungsstadium, das es ermöglichte, ein Langzeitgedächtnis von Objekten, von mehr oder weniger komplexen Gruppen von Objekten und ihren mehr oder weniger komplexen Beziehungen untereinander auszubilden. Sprechen wir von unserem eigenen, gegenwärtigen Erkenntnisprozeß, dann können wir diese Gedächtnisspuren *Konzepte* nennen (Substanz, Form, Zeitverlauf, Veränderung, Kausalität usw. oder, in Begriffen von Kant, Materie und Urteilskategorien). Unser Gehirn heute ist nun so organisiert, daß die Gedächtnisspuren, die wir »Konzepte« nennen, in einer spezifischen und typischen Weise, die angeboren ist, verknüpft werden können. Kurz vor der Entstehung des Erkenntnisvermögens aber bestanden die Konzepte wahrscheinlich nur aus geistigen Repräsentanten von Objekten und ihrer Beziehung untereinander und zum Beobachter. Irgendwie waren diese Darstellungen Analogien oder Metaphern der Außenwelt.

Die kognitive Funktion des Gehirns könnte tatsächlich aufgefaßt werden als eine sich anpassende symbolische Annäherung an ein Funktionsmodell der äußeren und der inneren Welt durch einen Prozeß des »Ausprobierens«. Der Psychologe K. J. Craik hat das folgendermaßen ausgedrückt:

»Das Gehirn . . . imitiert äußere Vorgänge oder stellt sie im Modell dar. Die Funktion dieser Symbolisierung ist klar. Wenn der Organismus ein verkleinertes Modell der äußeren Realität« (ich würde hinzufügen: und der inneren) »und auch seiner möglichen Aktionen in seinem Kopf hat, kann er verschiedene Alternativen ausprobieren und beschließen, welche davon die beste ist; er kann auf zukünftige Situationen reagieren, bevor sie eintreten; er kann die Kenntnisse aus vergangenen Ereignissen für den Umgang mit Gegenwart und Zukunft einsetzen und auch alle Methoden, um besser, sicherer und kompetenter auf die kommenden Ereignisse zu reagieren«[3].

Sofern diese Annäherung einem Wertemodell der Realität entspricht, handelt es sich um eine »genaue Symbolisierung«, die C. R. Rogers folgendermaßen charakterisiert: ». . . wenn wir von genauer Symbolisierung im Bewußtsein sprechen, dann meinen wir damit, daß die Hypothesen, die im Bewußtsein implizit vorhanden sind, verwirklicht werden, wenn man sie durch die Handlung ausprobiert«[4].

Dieses »imaginäre Ausprobieren« wird in seiner anfänglichen Form auch von unseren phylogenetisch entferntesten Vorfahren und von vielen anderen Säugetieren geteilt. Wolfgang Koehler hat dies mit seinen Experimenten mit Schimpansen bewiesen. Diese Experimente zeigen, daß Schimpansen Ansätze zu kognitiven Fähigkeiten haben, die sich in der Herstellung von Werkzeug ausdrücken, um in der Nähe, aber außer Reichweite befindliche Bananen heranzuholen. Dieser Vorgang ist meist ein einmaliger Versuch, der nach beträchtlichem »Nachdenken« (ein anderes Wort für »imaginäres Ausprobieren«) durchgeführt wird[5].

Mit dieser kognitiven Fähigkeit hat die Evolution unsere Vorfahren mit einer wachsenden Kapazität, Handlungen zu »ökonomisieren«, ausgestattet. War früher das Lernen auf Verstärkungen gegründet, die durch ein bestimmtes Verhalten erworben wurden – früher war das Lernen immer eine *Handlung* –, wurde es nun möglich, Zeit und Energie zu sparen, indem man ein erweitertes Gedächtnis einsetzte und über die möglichen Verhaltensformen und ihre Konsequenzen *nachdachte. Das* war der wichtige »Quantensprung« in der Evolution, der die rasche Entwicklung des Gehirns und insbesondere das Wachstum des Neokortex in Gang setzte, wodurch wir uns von den anderen Säugetieren unterscheiden. Der Greifdaumen, die aufrechte Haltung und die anderen instrumentellen Vorteile waren Mittel, nicht Grund dieser Entwicklung des Gehirns. In diesem Stadium der Evolution ist das Lernen nicht mehr auf den Erwerb von Dispositionen für mehr oder weniger belohnende oder schmerzvermeidende Handlungen oder Handlungsreihen beschränkt, wenn eine bestimmte Situation auftaucht, wie das beim konditionierten Lernen der Fall ist. Zwischen Reiz und Reaktion kommt ein Zwischenfaktor hinein: das *Nachdenken*. Nachdenken ist die Fähigkeit, versuchsweises Verhalten in vorgestellten Situationen einzusetzen, das Ergebnis dieses Verhaltens zu vermuten oder Hypothesen darüber aufzustellen. Über das Nachdenken hinaus schließt der volle kognitive Prozeß auch die Auswahl der bevorzugten Hypothese mit ein; das »Entsenden« oder Durchführen des dazugehörenden Versuchsverhaltens; das Überprüfen der Ergebnisse dieses Verhaltens; den Vergleich dieser Ergebnisse mit der ausgewählten Hypothese und mit den in Erinnerung gerufenen Dispositionen und schließlich die Neuordnung der Dispositionen angesichts des Erlernten.

Die verschiedenen kognitiv erlernten Dispositionen, die aus bestätigten Hypothesen stammen und sich auf eine Gesamtsituation mit ihren unterschiedlichen Aspekten beziehen, sind E.C. Tolmans »kognitiver Landkarte« analog, wenn wir diesen Begriff etwas weit fassen. Die bevorzugten Hypothesen, die während des Nachdenkens ausgewählt werden, die vorweggenommenen Ergebnisse des Verhaltens, könnten auch – falls G.A. Kelly uns diesen Begriff ausleiht – *Konstrukte* genannt werden. Dies alles sieht fast genau so aus, wie auch Wissenschaftler gewöhnlich an ihre Arbeit herangehen. George A. Kelly kommt zu derselben Schlußfolgerung: ». . . in der Perspektive der Jahrhunderte gesehen, könnte man den Menschen als einen beginnenden Wissenschaftler betrachten . . .; jeder einzelne bildet auf seine eigene Art Konstrukte, mit deren Hilfe er die Welt der Ereignisse betrachtet. Als Wissenschaftler versucht man den Gang der Ereignisse vorherzusehen und dadurch zu kontrollieren. Daraus ergibt sich also, daß die Konstrukte, die er formuliert, darauf ausgerichtet sind, ihm bei seinen Voraussagebemühungen zu helfen«[6].

Wenn dies die archaische Form der Wissenschaft ist, dann sieht es so aus, als müßten wir den Beginn der Wissenschaft auf irgendeine Zeit im Myozän zurückdatieren!

Wir wollen ein einfaches Beispiel nehmen, welches in einzelne Komponenten der Kognition zerlegt werden kann. Es stammt aus meiner eigenen Erfahrung und zeigt, daß ich einen hinterhältigen Charakterzug habe. Ich habe eine Sammlung von Schnappschüssen, die unsere weiblichen Bekannten und Freundinnen zeigen, wenn sie während unserer vielen Campingreisen frühmorgens mit verschwollenen Augen und nicht gerade wie der junge Frühling aus dem Zelt krabbeln. An diesem einen denkwürdigen Morgen betrug die Sicht vielleicht – wegen des starken Nebels – knapp drei Meter. Als das Opfer meiner Hinterhältigkeit aus dem Zelt kam, erschrak sie, als sie einen Mann vor sich sah, der mit etwas Schwarzem auf sie zielte. Ihre Disposition, ihre frühere Erfahrung befahl ihr zu laufen, und ich sah sie schon die Flucht ergreifen. Aber ihre »kognitive Landkarte« paßte nicht ganz zu der Situation, und sie entschloß sich, zuerst nachzudenken. Sie stellte die Hypothese auf, daß das Ding, welches auf sie gerichtet war, vielleicht doch kein Gewehr sei und daher ihre Flucht etwas lächerlich wirken könnte. Sie dachte auch, die Situation könne sich vielleicht auf eine andere kognitive Landkarte beziehen, auf der mein boshaftes Hobby eingezeichnet war, dessen Opfer sie schon früher einmal geworden war, und entschied sich zu handeln, indem sie fragte: »Ernesto, bist du das?« Sie können sich vorstellen, welcher Handlung ich zum Opfer fiel, als sie die Richtigkeit ihrer Hypothese herausfand. Die kognitive Erfahrung änderte natürlich ihre Disposition für diese Art von Situation. Ein neuer, ähnlicher Zusammenhang würde sie sicher nicht mehr erschrecken und zur Flucht veranlassen; er würde aber bestimmt mit anderen, aggressiveren Dispositionen verbunden werden, wobei ich dann bestimmt als Verlierer dastehen würde.

Analoges und symbolisches Denken

Wir wollen nun die etwas feineren Aspekte der Kognition unter die Lupe nehmen. Vor dem evolutionären Auftauchen der menschlichen Kognition basierte die Wahrnehmung der Realität durch einen Organismus auf analoger Kommunikation. Das ist eine Art von Informationsübertragung, die auf bildhafter Codierung beruht: Wahrnehmungen werden übersetzt in neurologische Gehirnmuster, die eine gewisse Ähnlichkeit, eine gewisse bildhafte Analogie zu dem haben, was wahrgenommen wird. Diese Art von Kodierung steht im Gegensatz zur symbolischen (abstrakt-begrifflichen) oder auch »digital« genannten, auf die wir gleich eingehen werden.

Wir Menschen verwenden immer noch sehr häufig die älteren analogen Codierungssysteme, insbesondere bei der nichtverbalen Kommunikation, in unserer Fantasie, in den Träumen und bei vielen anderen geistigen Vorgängen. Wir können einen Großteil unseres Denkens in Form von Bildern ausdrücken. Es scheint eine Tatsache zu sein, daß diese Art von Codierung in der Kommunikation und beim Denken enger mit den Gefühlen und Empfindungen verbunden ist als die abstraktere symbolische Art. Das ist auch nicht weiter verwunderlich, da die analoge Kommunikation in der Evolution viel mehr Zeit hatte, sich eng mit den Bedürfnissen, Trieben und Instinkten zu verbinden. Das analoge Codieren ist in erster Linie die Grundlage für die Sprache der Beziehungen, wenn wir hier den Begriff »Sprache« etwas weiter fassen. Können wir nicht unsere größte Freude oder unseren heftigsten Ärger durch Gesten viel besser als durch Worte ausdrücken? Eine Geste oder ein Bild ist oft tausend Worte wert, wenn man ein Gefühl wiedergeben will. Man könnte deshalb auch sagen, daß analoges Denken und analoge Kommunikation evolutionär die Vorläufer der Kognition sind. Sie dienen als Vermittler bei der Re-kognition, dem Wiedererkennen (mittels bildhafter geistiger Darstellungen) von Situationen, die Teil des Arsenals der Dispositionen sind. Das Wiedererkennen vermittelt auch die analoge Kommunikation, die der symbolischen menschlichen Kommunikation vorhergeht, für welche unsere »Wortsprache« typisch ist. Die Bienen berichten bildhaft durch die Parameter ihres Tanzes (wie es von Frisch beschreibt[7]) die Richtung und die Distanz zu der neugefundenen Nektarquelle. Alle Tiere können auch die Reaktion von ihresgleichen durch analoge Rituale befehlen; zum Beispiel der im

Kampf unterlegene Hund, indem er dem Überlegenen seine verwundbarste Stelle, die Kehle, zeigt und ihm so befiehlt, nicht anzugreifen.
Analoges Denken und analoge Kommunikation haben einen reichen Informationsinhalt. Das Codieren hängt bei ihnen weniger vom Zusammenhang ab als bei der symbolischen Kommunikation. (Das *Wort* »Liebe« hat eine Fülle von Bedeutungen, je nach dem Zusammenhang; eine liebevolle *Geste* dagegen ist eindeutig.) Aber in bezug auf die logische Fähigkeit sind sie recht beschränkt. Mit P. Watzlawick könnte man sagen, daß die analoge Art weitgehend durch die Berichts- und Befehlsformen umschrieben wird, durch »ist« und »mach«, also durch die affirmativen und die imperativen grammatischen Formen. Für die Wahrheitsfunktionen der symbolischen Logik ist sie unbrauchbar. Von den fünf wichtigsten Wahrheitsfunktionen (Verneinung, Alternation, Implikation, Konjunktion und Äquivalenz), die durch »nicht«, »entweder-oder«, »wenn-dann«, »und« und »ist gleich« zum Ausdruck kommen, eignen sich die ersten beiden am besten dazu, diese Unbrauchbarkeit des analogen Modus zu zeigen. Wie kann man bildlich darstellen, daß Paul *keinen* Baum pflanzt? Oder daß Jean *entweder* John *oder* Peter füttert[8]?
Es scheint mir daher, daß die Funktion der Implikation (wenn-dann) als Herold der fortschreitenden Entwicklung des symbolisch-logischen Denkens und Kommunizierens diente. Das Auftauchen der Fähigkeit, mit geistigen Bildern der Wirklichkeit hypothetisch zu spielen und die möglichen Ergebnisse einer bestimmten Handlung vorherzusehen, geht von Anfang an mit dieser logischen Funktion einher. Die anderen logischen Funktionen wurden notwendig, um diese Fähigkeit, Hypothesen aufzustellen, zu verbessern. Die Behauptung leuchtet ein, daß die Reichhaltigkeit der Information der analogen Art ein Hindernis für die Verwendung dieser abstrakten Funktionen war. Die ausgeschmückten analogen Bilder waren eine zu große Belastung für die Kognition. Daher wurden aus Gründen der Wirtschaftlichkeit ganzen Darstellungsgruppen mit gemeinsamen charak-

teristischen Zügen (die in einer bestimmten logischen Klasse zusammengefaßt werden konnten) *Namen* gegeben. Der Name (oder das Wort) »Haus« zum Beispiel steht für alle Arten von Häusern, ganz gleich, wie groß sie sind oder welche Form sie haben. Jetzt konnte die Wirtschaftlichkeit der symbolischen Sprache, bei welcher Namen oder Symbole für ganze Klassen analoger Darstellungen stehen, erst richtig ausgeschöpft werden. Die gesprochene Sprache war das erste Ergebnis. Danach kamen die logische Aufzeichnung und die Verarbeitung in all ihren Formen, einschließlich des Schreibens, Lesens und der modernen Datenverarbeitung und Computertechnik.

Die symbolische oder »Namens«-Kommunikation bedarf einer umfassenderen Codierung als die analoge; sie hängt viel mehr davon ab, daß Absender und Empfänger denselben Code haben. Es ist daher nicht erstaunlich, daß wir analog sogar mit Tieren in Verbindung treten können. Die meisten wilden Tiere wissen genau, ob man sie verfolgen will oder sich zurückzieht. Die Wortsprache jedoch kann nur von Menschen verstanden werden, die den gleichen Code gelernt haben, eben diese Sprache.

Analogkommunikation und analoges Denken sind also sehr reich an Inhalt oder Information; sie sind weniger codiert, sie sind genau in bezug auf die Bedeutung (semantisch genau), aber ziemlich unfähig zu komplexen logischen Funktionen (Syntax). Die symbolische Sprache ist erheblich wirtschaftlicher und weniger anstrengend; sie kann logische (syntaktische) Funktionen ausdrücken, ist aber auch mehrdeutig, wenn der Zusammenhang geändert wird (semantisch weniger bestimmt). Der wesentliche Unterschied ist, daß die symbolische Art die codierte Qualität (Begriffe) hervorhebt in logisch-zeitlichen Mustern, während die analoge Art die Quantität betont in räumlichen Mustern, die Plastizität haben. Diese Unterscheidung scheint auch die Wurzel für die relative Spezialisierung der beiden Zwillingshemisphären des Gehirns zu sein. Die linke Hemisphäre spezialisiert sich häufig mehr auf die »analytische, symbolische, computerartige sequentielle Logik. Im Gegensatz dazu spezialisiert sich die rechte Hälfte auf das Räumliche, Stumme, und funktioniert in einer synthetischen, räumlich wahrgenommenen und mechanischen Art von Informationsverarbeitung« (Roger Sperry[9]).

Kognition und Realität

Diese Gedanken haben wichtige und weitreichende Konsequenzen für einen Gesamtüberblick über die Kognition. Man möchte gern annehmen, daß unser Denken fähig wäre, uns an ein immer näheres und genaueres Modell der Realität heranzuführen, so daß wir schließlich wirklich *wissen,* was diese Realität tatsächlich *ist,* und daher letztlich fähig sind, vorherzusagen und Kontrolle über unsere Umgebung zu unseren Gunsten auszuüben. Das ist aber unglücklicherweise eine Chimäre. Unsere Einstellung zur Wirklichkeit wurde durch einen Evolutionsprozeß geformt: Das, was funktioniert (überlebt), ist auch wahr (definiert die Realität durch Reproduktion). Das ist im Wesentlichen die pragmatische Einstellung. Es gibt aber nicht nur *eine* Sicht der Wirklichkeit, die funktioniert. Es gibt viele. Wie wir schon im zweiten Kapitel festgestellt haben, müßte eine endgültige Kenntnis der Wirklichkeit *alle* Wirklichkeiten umfassen. Weder die uns zugeteilte Zeit noch unser kognitives Arsenal erlaubt uns auch nur eine Annäherung an dieses Ideal. Kants »Ding an sich« wird für immer außerhalb unserer Reichweite bleiben. Wir wissen jedoch, daß unsere kognitiven Werkzeuge funktionieren; auch wenn sie dies in einer recht beschränkten Art und Weise tun, so stimmen *doch* häufig unsere Ansichten von der Welt und von uns selbst mit unseren Erwartungen überein. Die Metaphern, die wir uns von der Wirklichkeit machen, *sind* unsere Wirklichkeit. Auf manche Weise gibt es eine Resonanz zwischen dem, was »draußen« ist, und der einen oder anderen Ansicht, die wir davon haben. Es besteht ein isomorphes Verhältnis zwischen der Wirklichkeit draußen und unseren kognitiven Strukturen, um es in Systemsprache auszudrücken.

Die Kognition, durch die Sprache in all ihren Formen, ist die Brücke zwischen der Realität und dem Bewußtsein, die uns durch die Natur gegeben ist. *Wie* wir uns verständigen, hilft uns, unsere Sicht der Welt zu definieren. Aus diesem Grund ist die Sprache, die wir verwenden, und die Art, wie wir sie verwenden, eines der Elemente unserer Identität, unseres Selbst, wie wir im nächsten Abschnitt noch genauer sehen werden. Unsere Existenz wird immer mehr von der ständigen Umformung der Information beeinflußt, die wir haben und die wir erwerben. Dies führt zur Veränderung der Konstrukte von Realitätsmetaphern, die nie »genau das« sind, sondern immer »etwas ähnliches wie das«. Paul Watzlawick führt an, daß ungefähr fünfundsiebzig Prozent der vom modernen Menschen aufgenommenen Information nicht aus seiner direkten Erfahrung stammen (Watzlawicks Realität ersten Grades), sondern aus Berichten aus zweiter oder dritter Hand, um die herum wir unsere Bilder und Meinungen bilden (Watzlawicks Realität zweiten Grades). Unsere Bilder der Realität werden immer mehr von der Codierung und Decodierung der Verständigung beeinflußt. Sogar die »direkte« Erfahrung hängt von dieser Codierung und Decodierung ab, diesmal zwischen der Realität draußen und unserer Wahrnehmung. Selbst die Wissenschaft, heute unser am meisten verehrter Schiedsrichter unserer Ansichten über Wirklichkeit, ist nach Gregory Bateson lediglich »eine Wahrnehmungsweise«[10].

Bisher habe ich besprochen, wie unsere kognitiven Fähigkeiten unsere Sicht der Realität beeinflussen. Wenn wir etwas weitergehen, dann könnten wir untersuchen, welche Auswirkungen die analogen und die symbolisierenden oder digitalen Denk- und Verständnisarten haben. Zwischen den beiden besteht so etwas wie ein qualitativer »Sprung«. Auf der einen Seite ein räumlicher »Hier und jetzt«-Bezugsrahmen der Realitätsmetaphern, reich an affektivem Inhalt und affektiver Bedeutung, nah an der unmittelbaren Erdverbundenheit der Welt unserer Vorfahren; auf der anderen Seite ein viel abstrakterer Modus des Erinnerns,

Vorhersagens, Planens und Kontrollierens. Dieser qualitative Sprung wird von der funktionalen Trennung unserer beiden Gehirnhälften unterstrichen. Die Auswirkungen dieser Tatsache hat man auf dem Gebiet der Psychologie und Neurologie erst sehr spät zu untersuchen begonnen. Es scheint, daß unsere geistige Reaktion auf die Realität (einschließlich der Kognition, so wie sie beschrieben wurde) und auch unsere Sicht von uns selbst und der Welt (unsere persönliche Erkenntnistheorie) einer ständigen Übersetzung und Integration von einem Modus in den anderen bedarf. Die Fähigkeit zu solcher Wechselwirkung scheint eine relativ junge phylogenetische Anschaffung zu sein und für das Überleben nicht einmal wesentlich: Menschen, deren Gehirnhälften neurochirurgisch getrennt wurden, leben fast ganz normal weiter. Aber gerade diese Tatsache könnte damit in Verbindung gebracht werden, daß wir die Fähigkeit haben, rational-symbolische Metaphern unserer Welt zu bilden, die nicht mit unserer affektiv gefärbten, analogen, »aus dem Bauch« gewonnenen Erfahrung übereinstimmen. Die unterschiedliche Betonung einer der beiden Denk- und Verständigungsarten liegt möglicherweise auch an der Wurzel der erheblichen Unterschiede zwischen östlicher und westlicher Philosophie. Außerdem kann die digitale Kognition recht gut der traditionellen Bedeutung von »Denken« entsprechen, während die analoge Kognition sich mehr dem nähert, was wir unter »Intuition« verstehen.

Die kognitiven Bedürfnisse

Es stellt sich heraus, daß die Kognition die wichtigste Errungenschaft der Menschheit war, um den Riesenschritt zur Vorhersage und Kontrolle ihrer Umwelt zu tun. Einmal auf dieser Bahn, wurde unsere Gattung sehr stark von der Kognition abhängig. Unsere Entwicklung ist wirklich etwas Spezielles, vor allem wegen unserer enormen »Verhirnung« – wir sind schließlich die »Hirntiere« par excellence. Eine sehr bezeichnende

Folge davon ist, daß es immer notwendiger wurde, in einer *voraussagbaren* Welt zu leben, in einer Welt, der wir »auf die Schliche kommen« und die wir immer besser kennen. Eines der Merkmale der Lebewesen ist, daß biologische Fähigkeiten bald zu Verpflichtungen werden: Es tritt ein Bedürfnis auf, diese Fähigkeiten auch einzusetzen. Genau das geschieht auch mit unseren kognitiven Fähigkeiten. Wir *bedürfen* der Versicherung, daß unsere Umwelt bis zu einem gewissen Grad vorhersagbar ist, und wir haben auch das Bedürfnis, sie immer besser kennenzulernen. Die Kognition wurde zu einem vollentwickelten Bedürfnis mit einem primitiveren, versichernden Aspekt, dem *bestätigenden kognitiven Bedürfnis,* und einem entwickelteren, vorausblickenden Aspekt, dem *exploratorischen kognitiven Bedürfnis.*

Falls Sie nicht ganz davon überzeugt sind, daß die Kognition ein Bedürfnis erzeugt hat, dann betrachten Sie nur einmal unsere Furcht (und die Furcht vieler Tiere) vor dem Unbekannten: Stellen Sie sich vor, Sie wachen eines Morgens auf, und die Welt gehorcht ganz anderen, Ihnen unbekannten Gesetzen. Sie sehen Leute, die Sie nicht kennen. Das Haus, in dem Sie aufwachten, ist Ihnen fremd. Die Sprache, die die Menschen sprechen, verstehen Sie nicht. Die Sonne geht im Westen auf. Die Uhren gehen rückwärts . . . und so fort. Wenn Sie nicht den Verstand verlieren wollen, werden Sie das *Bedürfnis* haben zu verstehen, kognitiv bestätigt zu werden. Die Forschung, das Suchen nach Wissen, ist auch ein Bedürfnis. Was ist es denn, das einen Forscher dazu treibt, die seltsamsten Gefahren im afrikanischen Dschungel zu überwinden, wenn nicht das Bedürfnis, das Unbekannte bekannt und vorhersagbar zu machen? L. Festinger hat in seiner »Theorie der kognitiven Dissonanz« diese Dissonanz analog zu dem beschrieben, was ich als unerfülltes, bestätigendes kognitives Bedürfnis bezeichne: Die erfolgreiche Verkleinerung einer kognitiven Dissonanz (die Erfüllung eines kognitiven Bedürfnisses) sei genauso lohnend wie essen, wenn man Hunger hat[11].

Die kognitiven Bedürfnisse bilden eine eigene Gruppe. Sie treten wahrscheinlich in der Entwicklung einer Person in der späten Kindheit auf und bleiben von da an immer bestehen. Sie hängen mit allen anderen Bedürfnissen zusammen, und es wäre unmöglich, für sie einen Platz in einer Bedürfnishierarchie wie der von Abraham Maslow zu finden. Er selbst hat die kognitiven Bedürfnisse als »in einer (eigenen) kleinen Hierarchie organisiert« angesehen[12]. Die kognitiven Bedürfnisse sind Teil einer Schichten-Ordnung von Bedürfnissen, die den kontingenten Persönlichkeitskoordinanten entsprechen und nicht direkt mit den autonomen Bedürfnissen in Verbindung gebracht werden können.

Wir beenden diesen Abschnitt über die Kognition mit einem Blick auf eine wichtige Folge der evolutionären Entwicklung unseres Gedächtnisses: die Aufschiebung. »Aufschiebung« meint die Fähigkeit, die Konsequenzen eines Verhaltens und dieses Verhalten selbst über einen langen Zeitraum hinweg aufeinander zu beziehen. Für uns Menschen ist dies selbstverständlich, wir sind uns kaum des Wunders bewußt, daß die Samen, die wir heute pflanzen, erst viel später Früchte bringen. Unsere hypothetischen Konstrukte sind sehr langlebig. Aber selbst diese Fähigkeit entspricht »mehr oder weniger« einer Fähigkeit, die auch weniger entwickelte Arten haben. Der Beweis dafür ist die Untersuchung von J.B. Wolfe, die gezeigt hat, daß Schimpansen darauf trainiert werden können, gewisse Aufgaben durchzuführen, für welche sie »chips« erhalten, die sie später – oft sehr viel später – in einen Automaten (chimp-o-mat) einwerfen können, der ihnen dafür Futter gibt[13]. Wir werden später sehen, daß diese Fähigkeit der Aufschiebung eine große Rolle bei den Werten spielt, abgesehen davon, daß sie wesentlich ist für die spezifisch menschliche Kognition.

Die Kognition wurde, wie auch viele andere Persönlichkeitskoordinanten, die wir untersucht haben, von vielen Psychologen ins Zentrum der menschlichen Persönlichkeit gestellt. Die reduktionistische Tendenz dabei ist erneut offensichtlich. Zum Beispiel kann man sich schwer vorstellen, wie – trotz aller Klarheit, mit der William Kelly das Konzept der Kognition in seiner »Psychologie der persönlichen Konstrukte« behandelt hat – menschliches Verhalten im wesentlichen auf rein kognitive Aspekte der Persönlichkeit reduziert werden soll.

Zusammenfassung

1. Die Kognition ist eine Form des Lernens, die sich auf ein komplexes, langfristiges Gedächtnis geistiger Darstellungen – Konzepten – von äußeren und inneren Situationen und ihrer Beziehungen untereinander stützt.
2. Die Kognition ist pragmatisch. Sie kopiert die Realität nicht, sondern bezieht sich auf sie mit Hilfe von Arbeitsmetaphern oder Abbildern der Realität. Die Art dieser Metaphern wird stark von der Verständigung beeinflußt.
3. Die Kognition ermöglicht den Zugang des Bewußtseins zur Erinnerung an vorhergehende Erfahrungen, einschließlich der Dispositionen mit ihren emotionalen und realen Komponenten. Sie ermöglicht auch die Bildung von Hypothesen oder *Konstrukten* über die vermutlichen Ergebnisse eines Verhaltens in einer vorgestellten Situation (das *Nachdenken* bis zu diesem Punkt); außerdem löst sie das Durchführen des Verhaltens aus, um diese Konstrukte auszuprobieren, behält die Ergebnisse des Testverhaltens im Gedächtnis, bewertet sie und behält auch diese Bewertungen. Die so gewonnene Erfahrung wird Teil der Dispositionen.
4. Das Bedürfnis zu wissen ist in demselben Sinn ein Bedürfnis wie die autonomen Bedürfnisse. Die kognitiven Bedürfnisse kommen jedoch später in unserer Entwicklungsgeschichte hinzu und sind ein Teil einer gesonderten Hierarchie von *kontingenten* Bedürfnissen, die zu den Dispositionen, zur Kognition, dem Selbst und der Selbsttranszendenz in Beziehung stehen.

Das Selbst

Unter dieser und der nächsten Überschrift werde ich die evolutionäre Entwicklung des Selbst besprechen und seine Bedeutung für die Persönlichkeit. Es gibt eine ganze Reihe von Bedeutungen für den Begriff »Selbst«. Die Bedeutung, die ich hier verwende, stimmt mit keiner von ihnen ganz überein, kommt aber der Definition von Carl R. Rogers am nächsten, die ich später anführen werde. Ganz allgemein gesprochen ist das Selbst jener Teil der »Erfahrung« einer Person (oder des »phänomenalen Feldes«, wie Rogers sagt), welcher dem Bewußtsein verfügbar, aber nicht unbedingt *im* Bewußtsein ist. Die Verwendung des Begriffes »Selbst« hier entspricht *nicht* seiner Verwendung bei C.G. Jung, der darunter das Subjekt der psychischen Totalität einer Person versteht. Hierbei bezieht sich die Idee des »Selbst« mehr auf die persönliche Identität, so wie sie (im Prinzip) im Bewußtsein vorhanden ist. Ich werde daher den Begriff »Selbst« mehr im Sinn der Definition von C. Rogers verwenden.

Das ursprüngliche Selbst

Wenn wir die letzten Evolutionsneuigkeiten der Menschheit untersuchen, dann treffen wir auf schwierigere Verständnishindernisse, auf schwierigere und komplexere Teile unserer Persönlichkeit. Wenn wir über unser eigenes Denken und Fühlen nachzudenken beginnen, wenn wir versuchen, unsere eigene Identität festzustellen, dann sieht das aus, als versuchten wir, uns am eigenen Schopf aus dem Sumpf zu ziehen. Wir können uns dieser Aufgabe jedoch annähern, indem wir dem folgen, was uns als unausweichliche Entwicklung des Evolutionsprozesses unserer Gattung vor Augen gestellt wird.

Das Konzept »Selbst« enthält das der Identität, des Getrennt- und Verschiedenseins vor dem, was nicht-selbst ist. Ist *das* endlich eine ausschließlich menschliche Vorstellung? Ich glaube, selbst damit sind wir noch nicht zu dem gekommen, was als rein menschlich gilt. Der Vorläufer des Selbst ist irgendwo bei unseren vor-menschlichen Vorfahren zu finden. Es ist ein *ursprüngliches Selbst,* bei welchem die Identität nicht unbedingt eine personale Angelegenheit ist, sondern über die Grenzen der körperlichen und psychischen »Haut« hinausgeht.

Was ist diese frühe Version des Selbst, und warum ist sie nicht auf die Grenzen der Person beschränkt? Ich glaube, wir haben das erforderliche kognitive Material, um dies zu definieren: Es ist eine Struktur der Vorhersagbarkeit, deren Grenzen sich im Unvorhersagbaren verlieren und deren Zentrum im am meisten Vorhersagbaren liegt. Sehen wir uns diese Definition genauer an. Wer sagt voraus? Es ist immer der einzelne Organismus mittels der kognitiven Funktion seines Gehirns. Daher ist dieses ursprüngliche Selbst an den einzelnen gebunden. Was kann am meisten vorhergesagt werden? Natürlich die Funktionen des eigenen Organismus. Daher ist das früheste Identitätsempfinden körperlich. Sind andere vorhersagbare Phänomene ebenfalls Teil dieses ursprünglichen Selbst? Uneingeschränkt ja: Mancherlei aus der Umwelt, das zu einem vorhandenen Muster der Vorhersagbarkeit paßt, kann in diesem frühen Selbst ein- und ausgehen. Davon zeugt die magische Identifizierung des primitiven Menschen mit natürlichen Objekten, mit seinen Totems (L. Levy Bruehl spricht von »participacion mistique«, »mystischer Teilhabe«). Dieses ursprüngliche Selbst ist, wie auch alle anderen Evolutionserrungenschaften, in unserer archetypischen Natur verblieben, als eine Form, die auf Erfahrungsinhalt wartet. Wenn Sie einen Beweis dafür haben wollen, daß wir dieses Selbst tatsächlich noch haben, denken Sie nur an die Mutter-Kind-Identität: Das Neugeborene kann kaum zwischen sich selbst und seiner Mutter unterscheiden (die individuelle Entwicklung wiederholt die phylogenetische); oder denken Sie an jene veränderten Bewußtseinszustände, die als Gefühl, mit der Umgebung zu »verschmelzen«, allgemein bekannt sind. Und was ist bei diesem ursprünglichen Selbst das, was Teil des »anderen«, des Nicht selbst ist? Das, was nicht vorhersagbar und was unvertraut ist. Wir (und unsere tierischen Verwandten) wollen immer wieder das Chaos in einen Kosmos verwandeln; wenn nicht mit Hilfe der Vernunft, dann mit Hilfe des Rituals, wie Mircea Eliade schreibt[14]. Es scheint daher gerechtfertigt zu sagen, daß Vorhersagbarkeit und Erwartung Wurzeln der Identität sind. Extrem ausgedrückt: »Identität« meint das, was heute so ist wie morgen. Daraus ergibt sich dann, daß die Kognition die Grundlage, sozusagen der Vater dieses ursprünglichen Selbst ist und, wie wir sehen werden, unseres persönlichen Selbst.

Die Selbstreflexion

An diesem Punkt der Diskussion kann ich eine erste Überlegung einführen, die uns zum Verständnis dessen hilft, was mit »Bewußtsein« gemeint ist. Das Bewußtsein hat verschiedene Ebenen. Auf der ursprünglichen Stufe des Selbst ist das Bewußtsein einfach der Akt der Kognition, so wie sie im vorhergehenden Abschnitt definiert wurde: die Sammlung von Information, ihr Vergleich mit vorhergehender Information, die Bildung von Hypothesen und das Ausprobieren, Auswerten und Auswendiglernen der Ergebnisse. Das ursprüngliche Selbst setzt die Kognition voraus, auch wenn der ganze Prozeß sehr mechanisch, wie ein Computerprogramm abläuft. Man kann in der Tat die Fähigkeit der Tiere, eine rudimentäre Kognition zu entwickeln, als von einem Gehirncomputer gelenkt betrachten, der ein sehr komplexes Programm aufweist, so wie ein besonders phantasiereicher elektronischer Schachspieler. In dieser einfachsten Art ist das Bewußtsein ein Prozeß oder eine Funktion, der oder die eine Vorhersage einschließt. Mit anderen Worten, wo es Kognition gibt, da gibt es auch Vorhersagbarkeit. Wenn es Vorhersagbarkeit gibt, dann bildet die Methode des Vorhersagens den Bezugsrahmen (ein beginnendes Selbst), und der Akt des Vorhersagens ist eine Art von Bewußtsein. Dieses Konzept von Bewußtsein in seiner allereinfachsten Form entspricht ziemlich genau dem Bild, das in Einführungswerken der Psychologie verwendet wird: Das Bewußtsein wird da mit dem Vorgang verglichen, der sich abspielt, wenn ein Pilot seine Instrumente beobachtet und nach deren Informationen handelt. Aber wir wissen, daß das Bewußtsein viele unterschiedliche Schichten oder Ebenen hat, von welchen die hier beschriebene die einfachste ist.

Bisher haben wir von Kognition und Bewußtsein gesprochen, als ob es dabei um etwas ginge, was wir haben und das mehr (quantitativ viel mehr) ist als jene Bewußtseinsanfänge, die es gab, bevor unsere phylogenetischen Vorfahren sich zu Menschen entwickelten. Es hat jedoch in unserer Evolution *ein* Ereignis, eine Entwicklung gegeben, die ein zweifelhafter Segen wurde: die *Selbstbetrachtung*. Hier wurde unser wirkliches Menschsein geboren, der einzige qualitative Unterschied, der uns ein für allemal von unserem unschuldigen tierischen Erbe trennt. Damit wurden wir auf den Weg der Verantwortung geschickt – oder der bewußten Zerstörungswut; auf den Weg des Guten und des Bösen, wenn Sie so wollen.

Was war dieses Erdbeben der Evolution, das wir Selbstbetrachtung nennen? Damit sind wir derart »hautnah« bei uns selbst, daß die Analyse der Selbstbetrachtung dem Versuch gleicht, den eigenen Kopf aufzuessen. Ich will es trotzdem versuchen und mit dem Augenscheinlichen beginnen. Als unsere vormenschlichen Vorfahren immer geschickter die kognitiven Funktionen beherrschten – mußte es da nicht unvermeidlich zu einem Punkt kommen, an dem ein Denker über sein eigenes Denken nachdachte; an dem einer, der eine Hypothese aufstellte, dazu kam, sein eigenes Hypothesenaufstellen in seine Hypothese miteinzuschließen? Pierre Teilhard de Chardin hat wunderschöne Worte dafür:

»Vom Standpunkt der Erfahrung – dem unseren – ist das Ichbewußtsein, seinem Wortsinn entsprechend, die von einem Bewußtsein erworbene Fähigkeit, sich auf sich selbst zurückzuziehen und von sich selbst Besitz zu nehmen, *wie von einem Objekt*, das eigenen Bestand und Wert hat: nicht mehr nur kennen, sondern *sich* kennen; nicht mehr nur wissen, sondern wissen, daß man weiß. Durch diese Individualisierung seiner selbst auf dem Grund von sich selbst findet sich das lebende Element, das sich bisher in einem weitläufigen Kreis von Wahrnehmungen und Tätigkeiten zerstreute und verteilte, zum erstenmal als punktförmiges *Zentrum*, in dem sich alle Vorstellungen und Erfahrungen verknoten und in einer bewußten Gesamtorganisation festigen«[15].

Selbstreflexion und Willensfreiheit

Die Frage nach den Ergebnissen der Selbstbeobachtung kann nur unter großen Schwierigkeiten beantwortet werden. Es handelt sich – das mindeste zu sagen – um jenen Durchbruch in der Evolution, bei dem wir ein *Gefühl* des freien Willens bekommen haben. Die Deterministen sind der Meinung, daß der freie Wille nur dies ist: ein Gefühl, und die freie Wahl eine Illusion. Meine eigene Überzeugung, die ich nur durch sehr abstrakte Gedanken untermauern kann, ist, daß an dieser Stelle der Selbstbetrachtung unsere Befähigung zur freien Wahl *tatsächlich* geboren wurde; daß diese eine Fähigkeit des Sich-selbst-Wissens über das Zeit-Raum-Kontinuum hinausgeht, in dem wir uns eingesperrt meinen, und uns einen winzigen Blick auf ein kleines (bei hochentwickelten Menschen großes) Stück Ewigkeit erlaubt; daß sie uns außerdem erlaubt, dem Hier und Jetzt, für wie kurze Zeit auch immer, zu entgehen; daß sie uns die Erfahrung der *Dauer* gibt, wie Henri Bergson schon vor hundert Jahren herausgefunden hat und wie Jacobo Grinberg schreibt: »In der Dauer (der Expansion der Gegenwart) würden Gegenwart und Zukunft als gleichzeitig erscheinen. Dann könnten wir das wissen, was uns jetzt entgeht«[16].

Zugegeben, die freie Wahl, die wir haben, ist sehr eingeschränkt. Es gibt überwältigend wenige Male, da wir völlig frei sind. Dennoch kann eine durchgehaltene Optionsrichtung unsere Zukunft radikal verändern – ich erinnere an das Bild vom

Webstuhl, das ich im ersten Kapitel bei der Erörterung der Frage »Determinismus oder freier Wille« verwendet habe. Damit begeben wir uns aber schon weit in das Gebiet der Werte, das im nächsten Abschnitt behandelt wird.

Selbstkonsistenz

Was bedeuten diese Folgerungen für unser Konzept des Selbst, das wir bisher dargestellt haben? In dem Moment während unserer Evolution, in dem unser Identitätssinn – unser ursprüngliches Selbst – zum möglichen Objekt der Kognition durch die Selbstbetrachtung wurde, wurde dieses Objekt *zum Subjekt unseres bestätigenden kognitiven Bedürfnisses,* wie jeder andere Gegenstand der Kognition. Anders gesagt: Wir selbst, von uns selbst betrachtet, *mußten* vorhersagbar sein. Bis zu dem Zeitpunkt in der Evolution, in dem die Selbstbetrachtung entstand, war unsere Gattung kaum beunruhigt durch Widersprüche in uns selbst, auch nicht durch widersprüchliche Motivierung oder widersprüchliche Anforderungen einer sozialen Gruppe. Die wahrgenommenen logischen Unstimmigkeiten der Natur waren unwichtig. Welche kognitive Fähigkeit auch unsere Vorfahren gehabt haben mögen, sie wurde für die damals bestehenden Bedürfnisse, Triebe und Instinkte eingesetzt. Aber jetzt, gesegnet und beladen mit der Selbstbetrachtung und der sich aus ihr ergebenden freien Wahl, begannen wir die Verantwortung für unsere Zukunft zu »fühlen«. Und was war das Wichtigste und Nächste in unserem Leben, mit dem wir uns befassen mußten? Wir selbst (oder unser Selbst) natürlich. Wir haben ein kognitives Bedürfnis, das Bedürfnis, mit der Vorhersagbarkeit unserer Erfahrung (als der Aufzeichnung unseres Lernens im Gedächtnis) rechnen zu können. Wenn ich nicht mit mir selbst rechnen kann, womit dann? Wie kann ich verantwortlich sein für das, was mir geschieht und was ich mit meiner Umwelt mache? Dieses Bedürfnis nach Selbstkonsistenz oder -voraussagbarkeit wird jetzt als ein ausgesprochenes Grundbedürfnis empfunden, das oft wichtiger ist als die eigene Wertschätzung. Es ist bereits ein Klischee, von Menschen zu sagen, daß sie sich selbst hassen zu ihrem eigenen Unglück, oder daß sie sich selbst übermäßig »lieben«. Um zu vermeiden, über sich selbst ins Ungewisse zu geraten, legen sie sich ein taubes Ohr zu für jenen Teil ihrer Erfahrungen, der von ihren Fehlern oder auch ihren Verdiensten spricht, um sich selbst so lange wie möglich als vorhersagbar sehen zu können, um so lange wie möglich eine Identität, gleich ob gut oder böse, zu haben.

Mit dieser Fähigkeit, uns selbst zu manipulieren, wurden die Schleusen zu der Möglichkeit geöffnet, unsere Identität zum Guten oder zum Schlechten hin zu definieren und zu erfinden. Wenn die Bibel vom Sündenfall des Menschen spricht, ist genau dies damit gemeint; wir haben unsere Unschuld als Kinder der Natur verloren. Aber es war nicht nur ein Fallen. Die Frucht vom Baum der Erkenntnis hat uns auch neue Möglichkeiten des Wachstums und der Entwicklung gebracht. Mit Hegels Worten: Es war ein »Fall nach oben«.

An dieser Stelle unserer Überlegungen wird das Terrain etwas schwieriger. Wenn wir Wahlfreiheit haben, können wir dann überhaupt Theorien aufstellen, die die menschliche Motivierung erklären, vorhersagen und kontrollieren? Ich glaube, wir haben einen »Ausweg« darin, daß unsere freien Handlungen, wie schon vorher gesagt, außerordentlich selten sind und ihre Auswirkungen normalerweise langfristig. Auf dieser Grundlage können wir Persönlichkeitsmodelle entwickeln, die sich der Realität *annähern*. Wegen unserer kognitiven Beschränkungen werden es aber für immer Annäherungen bleiben. Mit diesem Vorbehalt wollen wir fortfahren.

Die Funktion des Selbst

Als eine Struktur, die Selbstkonsistenz sucht im Sinn der Vorhersagbarkeit durch unser Bewußtsein des Bewußtseins (Bewußtsein zweiten Grades), ist das Selbst also von seiner Grundlage, unserer gesamten Erfahrung, getrennt. Dieses Selbst kann mit den Gedächtnisspuren der Erfahrung und mit der weitergehenden Erfahrung mehr oder weniger *kongruent* sein, und es kann im Namen der Konsequenz in starre Schemas gepreßt werden, die mit der restlichen Persönlichkeit nichts zu tun haben und von ihr getrennt sind.

Das ist aber noch nicht alles. Die Vorhersagbarkeit des Selbst beschränkt sich nicht auf unsere eigene persönliche Erfahrung. Sie hängt eng mit anderen Selbsts, der übrigen Umgebung und unserer Weltanschauung zusammen. Unsere Wechselwirkung mit der Umgebung beeinflußt das Lernen über uns selbst, insbesondere während der Entwicklungsjahre. Da wir soziale Wesen sind, wird unsere Vorhersagbarkeit auch bestimmt durch die Forderungen, die die Gesellschaft und wir einander wechselseitig stellen, und nicht nur durch unser privates Bedürfnis, für uns selbst vorhersagbar zu sein – wir müssen es auch für andere sein.

Bis hierher ist die Beschreibung des Selbst, die ich gegeben habe, nahezu deckungsgleich mit der Definition von Carl Rogers: Das Selbst ist »die organisierte, konsequente konzeptuelle Gestalt, die sich zusammensetzt aus Wahrnehmungen der Charakteristika des ›Ich‹ und Wahrnehmungen der Beziehungen dieses ›Ich‹ zu anderen und verschiedenen Aspekten des Lebens gemeinsam mit den Werten, die mit diesen Wahrnehmungen einhergehen . . . Es ist eine fließende, sich verändernde Gestalt, ein Prozeß . . .« [17].

Um das Konzept des Selbst im Zusammenhang mit der übrigen Persönlichkeit zu klären, möchte ich noch einen Schritt weitergehen. Als ein ständig wiederkehrender Aspekt der menschlichen Erfahrung, der in jedem Menschen immer wieder neu erscheint, hat das Selbst auch eine Grundstruktur, die für unsere Gattung typisch ist. Die Lebenserfahrung, die Ereignisse, die sich im Lauf unserer Existenz abspielen (die kontingenten Ereignisse), füllen diese Struktur aus und geben dem einzelnen seinen typischen und unwiederholbaren Charakter. Das Selbst

kann sowohl als eine Struktur als auch als ein Konzept betrachtet werden, je nachdem, ob es von einem Außenstehenden oder vom Besitzer dieses Selbst beobachtet wird, wie Rogers im Anschluß an das vorhergehende Zitat sagt. Diese Struktur des Selbst wird von vier Kanälen »ausgefüllt«, die die Wechselwirkung zwischen dem Selbst und den Ansprüchen vermitteln, die an das Selbst gestellt werden: 1. »von unten« her, von den autonomen Bedürfnissen, Trieben, Instinkten und Dispositionen, wobei die eigenen autonomen Persönlichkeitskoordinanten als Objekte der Kognition betrachtet werden; 2. »von hinten« her, dies bezieht sich auf all das, was dem Selbst unbewußt ist; 3. »von außen« her, aus Ansprüchen der Umwelt, die von der Erkenntnis wahrgenommen werden; und 4. »von oben« her, von dem, was sich auf die bewußt empfundene Verantwortung gegenüber der ganzen Existenz bezieht. Den letzten Kanal werde ich hier nicht behandeln, da er Thema des nächsten Abschnittes ist.
Das Selbst kann als eine Arena betrachtet werden, in welcher die Wechselbeziehung durch die vier erwähnten Kanäle rationalisiert wird. In dieser Arena müssen die verschiedenen Ansprüche in Schemas der Vorhersagbarkeit eingepaßt werden, die die grundlegenden Bedürfnisse des Selbst befriedigen: in einer Welt zu leben, die verstehbar ist und mit dem Selbst übereinstimmt. Das führt zu einem ständigen Aufbau und Wiederaufbau von Schemas der Vorhersagbarkeit und von Schemas dieser Schemas, von einer Sicht der Welt oder einer Weltanschauung, die hoffentlich ohne Widersprüche alle momentanen Teilansichten des Lebens zusammenfaßt. Während jener Perioden, in denen die Arena des Selbst mit Weltanschauungen übereinstimmt, die mit der Gesamtwahrnehmung der Realität zusammenfließen, ist das Bewußtsein kaum oder überhaupt nicht sich seiner selbst bewußt und verschmilzt mit der Existenz.
Es ist die Spannung des Unvorhersagbaren oder der mangelnden Konsequenz, die auf dem Gebiet des Bewußtseins jene Teilhard de Chardinsche Denkfigur des »punktförmigen Zentrums« hervorbringt mit seiner Fähigkeit zur Selbstbetrachtung. Diese

Selbstbetrachtung ermöglicht Freiheit der Wahl, da man sein eigenes Selbst als Objekt der Kognition (Bewußtsein des Bewußtseins) erkennt, und in unterschiedlichem Grad ermöglicht es auch die Wahl unseres Schicksals. In diesem Sinn können wir von einer sporadischen Bildung eines Brennpunktes der Kognition sprechen, eines eigentlichen Ortes des Bewußtseins in allen seinen Dimensionen, das weiß, daß es weiß, daß es weiß und so fort. Ich will diesen Ort des Bewußtseins das »kognitive Zentrum« nennen.

Die Affekte – Empfindungen und Gefühle

Was charakterisiert die vier Kanäle der Wechselwirkung zwischen dem Selbst und den verschiedenen Ansprüchen? Wir wollen uns zuerst mit der Wechselwirkung mit den Bedürfnissen, Trieben, Instinkten und den Dispositionen »von unten« befassen. Im größeren oder kleineren Maß sind wir alle fähig, unsere eigenen Bedürfnisse, Triebe und Instinkte wahrzunehmen, ebenso wie auch unsere Neigung zu einer unmittelbaren Reaktion. Wenn wir diese autonomen Persönlichkeitsebenen wahrnehmen und auf sie eingehen, kommen wir dabei aber mit trokkenem Denken allein, sei es analog oder symbolisch, nicht aus. Mit dem, was wir »innerer Kommunikationskanal« (»von unten«) nennen könnten, sind untrennbar unsere Affekte verbunden, unsere Empfindungen und Gefühle. Dieses Gebiet ist in der Psychologie noch lange nicht geklärt. Ich möchte daher diese Begriffe erst einmal erklären, bevor wir sie bei der Beschreibung des »inneren Kommunikationskanals« verwenden. Dabei wird diese Erklärung sie deutlicher voneinander unterscheiden, als dies unser üblicher Wortgebrauch tut.
Der Begriff »Affekt«, wie er hier verwendet wird, ist ein Gattungsbegriff, der sowohl die Empfindung als auch das Gefühl umfaßt. Die reine *Empfindung* besteht aus wahrgenommenen körperlichen Veränderungen, die recht autonom, unwillkürlich (durch Bedürfnisse und Triebe vermittelt) sind und sich immer

auf das Unmittelbare und die augenblickliche Gesamtsituation (hic et nunc) beziehen. Sie reichen tief in die irrationale (nicht-kognitive) Schicht der Persönlichkeit hinunter. Die *Gefühle* ihrerseits sind Kognition mit Empfindung. Nehmen wir diesen letzten Satz einmal für sich: Bei der Betrachtung der Kognition haben wir festgestellt, daß sie eine zentrale Funktion hat bei der Vorhersage des Resultates eines beabsichtigten Verhaltens in einer gegebenen Gesamtsituation (die real oder imaginär sein kann) auf der Grundlage der im Gedächtnis aufbewahrten Information über erkennbare Elemente dieser Gesamtsituation. Das Gedächtnis bewahrt natürlich nicht nur trockene Tatsacheninformation auf, sondern auch Information über die körperliche Einstellung (Empfindung) vor, während und nach der »Handhabung« einer Situation. Wird die Kombination dieser beiden Informationskomplexe ins Bewußtsein gebracht, entstehen Gefühle. Gefühle sind nicht einfach herabgestimmte (durch das Bewußtwerden »abgekühlte«) Empfindungen. Sie können als mächtiger Sturzbach ins Bewußtsein einbrechen oder auch sich als leises Flüstern melden. Sie schließen stets unsere kognitive Funktion ein und haben eine kognitive Bedeutung, die wir in diesem Augenblick verstehen oder auch nicht. Anders gesagt, sie enthalten eine Information, die über das Offensichtliche hinausgeht. Die Empfindungen andererseits sind irrational (nicht-kognitiv), autonom, kommen »aus dem Bauch« und sprechen von der augenblicklichen Lage ohne Rücksicht auf vergangene Ursprünge oder künftige Folgen. Der allgemeine Sprachgebrauch macht einen feinen, aber weisen Unterschied zwischen den beiden Begriffen Empfindung und Gefühl. Wenn wir es zum Beispiel mit jemandem zu tun haben, dessen schlechte Absichten wir kognitiv wahrnehmen, dann sagen wir: »Bei dem Kerl habe ich ein ungutes Gefühl«, aber nicht: »Ich habe eine ungute Empfindung ...« Wenn wir eine wichtige Konsequenz einer Situation wahrnehmen, sagen wir: »Ich habe das Gefühl, daß ...« und nicht: »Ich habe die Empfindung ...« Wenn ich die Erwartungen meines Kindes nicht erfülle, habe ich seine Gefühle und nicht seine Empfindungen verletzt. Andererseits, wenn der Affekt nicht-kognitiv, irrational und nicht mit dem Nachdenken verbunden ist, dann verwenden wir das Wort »Empfindung«. Am Beispiel »Schmerz« kann das noch einmal deutlich werden: Eine »Schmerzempfindung« ist rein körperlich; ein »Schmerzgefühl« ist mit dem Bewußtsein eines Verlusts verbunden. – Doch unterscheidet die Alltagssprache nicht immer so deutlich. Wenn man die Gefühle als Teil des kognitiven Prozesses definiert, unterstreicht man einen ihrer wichtigen Aspekte. Beim Nachdenken über die Bedeutung einer Situation (die möglichen Folgen und das mögliche Ergebnis eines hypothetischen Verhaltens) sind die Gefühle *»als-ob-Empfindungen«*. Sie sind kognitive Analogien der Empfindungen, die vom Gedächtnis »aufgefischt« werden, wenn über eine wahre oder eine imaginäre Situation nachgedacht wird. Wir können kognitiv mit ihnen »spielen« und sie ausprobieren. Sie sind wirklich das affektive Werkzeug der Kognition oder die Verbindung der ganzen organismischen Bedeutung einer Situation mit dem Bewußtsein.

Die innere Kommunikation – Gefühlsprozesse

Jetzt kann ich zu dem zurückkommen, was mich zu der Abschweifung über Empfindung und Gefühl gebracht hat: dem *Gefühlsprozeß* als Kanal der *inneren* Kommunikation. Ich stelle mir diesen Prozeß als eine Art »Probekreislauf« mit relativ geringer Intensität vor, der nicht gleich zu einem Verhalten führt, sondern durch welchen wir mit unserer Erfahrung »spielen« können, wobei unsere emotionalen Reaktionen in einer »als-ob«-Weise empfunden werden. Durch diesen Prozeß kommen wir mit uns selbst auf Tuchfühlung, und zwar mit dem ganzen weitergehenden Prozeß unserer Persönlichkeit. Die Gefühle, als die kognitiven Vorboten unserer Dispositionen, stehen unserem Selbst mittels dieses »Probekreislaufs«, des »Gefühlsprozesses«, zur Verfügung. In diesem Sinn bilden sie den inneren Kommunikationskanal, durch welchen wir uns der verfügbaren

Teile unserer Persönlichkeit bewußt werden, die bis jetzt außer Sicht waren.

Zu Beginn der evolutionären Entwicklung der Kognition war dieser Gefühlsprozeß nur die rudimentäre Wahrnehmung der tatsächlichen und der emotionalen Folgen des möglichen Verhaltens, war aber *immer* mit der unmittelbaren Situation verknüpft. Die phylogenetische Entwicklung dieser Fähigkeit ermöglichte es, die Situationen selbst zu abstrahieren zu einer Folge von Konzepten. Als wir fähig wurden, die Zeitdimension zu erfassen, wurden wir auch fähig, in Gedanken umzugehen mit Situationen, möglichen Handlungen und Konsequenzen (faktischen und emotionalen) in Gegenwart, Vergangenheit und Zukunft. In unserem derzeitigen Entwicklungsstadium sind wir sogar fähig (und oft auch gewillt), die affektiven Aspekte der Erfahrung von unserer Kognition völlig zu trennen. Die Kognition *kann* auf ihren streng logischen Inhalt beschränkt werden. Ein objektiver Wissenschaftler, sagt man, soll seine Empfindungen (oder Gefühle) nicht mit seiner Arbeit vermischen.

Sie werden aber bemerkt haben, daß ich Affekt und Kognition nicht als voneinander getrennte Einheiten unterscheide (es sei an die Triade Affekt, Wollen und Kognition erinnert). Die Kognition geht mit der im Bewußtsein vorhandenen Information um, und diese Information kann sowohl zu Tatsachen als auch zu Affekten gehören. In diesem Buch werden Sie feststellen, daß die Kognition oft mit dem Affekt einhergeht. Wie könnte es auch anders sein? Jede evolutionäre Entwicklung hat als ihr Fundament alle älteren Persönlichkeitskoordinanten einschließlich der zu ihnen gehörenden Empfindungen. Alles beeinflußt und wird wiederum von dem beeinflußt, was historisch vorher kam. Die Kognition bildet dabei keine Ausnahme.

Das Unbewußte

Was geschieht aber mit jenen Teilen der Persönlichkeit, die zwar in den autonomen Persönlichkeitskoordinanten verankert, dem

Bewußtsein aber *nicht* zugänglich sind? Im Namen der Selbstkonsequenz und der Vorhersagbarkeit kann unser Selbst von uns fordern, daß wir Tatsachen vergessen und auf bestimmte Gefühle nicht hören, daß wir sie verleugnen oder verzerren, sie ins Unbewußte verstoßen oder verfälschen. Damit kommen wir zu dem *zweiten* Kanal der Wechselwirkungen des Selbst. Im Idealzustand müßte das Selbst dem Bewußtsein die Gesamtheit der im »Warenhaus Gedächtnis« lagernden Information liefern, einschließlich aller Dispositionen, der ständigen oder augenblicklichen Funktionen der Bedürfnisse und Triebe, sowie all des kognitiven Materials, das in einer gegebenen Situation wahrgenommen oder vorgestellt wird. Leider ist das allzu oft nicht der Fall. Es gibt einen größeren oder kleineren Spielraum der *Inkongruenz*, um den Ausdruck von Carl Rogers zu verwenden[18], zwischen dem Selbst und der Gesamtheit der Erfahrung. Warum gibt es das? Der Grund dafür ist folgender: Der Balanceakt des Selbst kann sich kognitiven, selbstkonsequenten und sogar existentiellen Bedürfnissen widmen, indem es Gewohnheiten erlernt, erwirbt und ausübt, die unabhängig von oder sogar gegensätzlich zu den autonomen Bedürfnissen sein können. Anders ausgedrückt: Indem wir die Selbstkonsistenz und die Vorteile, ein vertrauenswürdiges (vorhersagbares) Mitglied einer sozialen Gruppe zu sein, suchen, sind wir absolut fähig, die »innere« Erfahrung zu verleugnen oder zu verzerren. Noch anders ausgedrückt: Kognitive, selbstkonsequente oder auch existentielle Bedürfnisse werden den autonomen Bedürfnissen vorgezogen. Diese Tatsache an sich wäre noch kein ausreichender Grund für die Inkongruenz, da wir fähig sind, uns ohne Gefahr zu laufen *gegen* die autonomen Bedürfnisse zu entscheiden, wobei wir uns dessen völlig bewußt sind, daß wir dies getan haben, und wobei wir auch ein Gespür für die damit einhergehenden Folgen haben. Das nennt man mit Freud »(Trieb-)Unterdrückung«. Wir sind aber auch ebenso fähig (wieder mit den Worten von Carl Rogers), die von den autonomen Koordinanten erhaltenen Botschaften zu »verneinen« oder zu »verzerren«. Das wäre (wieder für die Freudianer) die »Verdrängung«, die dazu führen kann, daß von unserem organismischen Ganzen ein Selbst abgespalten wird, das mit der übrigen Persönlichkeit nicht übereinstimmt; das wären dann das »Bewußte« und das »Unbewußte«, wenn wir diese psychoanalytischen Konzepte vereinfachen wollen. Dabei geht es also nicht nur um ein unerwünschtes Ergebnis von Unfähigkeit oder eines negativen Einflusses der Umgebung. Das Selbst (das in vieler Hinsicht mit dem Freudschen Ich übereinstimmt) ist eine noch sehr junge evolutionäre Entwicklung und hat immer noch – für die meisten von uns – eine recht zerbrechliche Struktur. Oft ist es unfähig, sich dem Ansturm der Natur zu widersetzen, der aus den Ansprüchen der Bedürfnisse und Triebe/Archetypen entsteht, oder den widersprüchlichen Anforderungen der Umwelt. Das Selbst sucht dabei einen sicheren Weg, indem es bei seinem Bedürfnis, sich selbst treu zu sein, bleibt, auch wenn es dabei neurotisch wird, statt das Risiko einzugehen, in psychotische Zustände aufgelöst zu werden. Die Verzerrungen und Unfälle, die das Selbst erleiden kann bei dem Versuch, das Bedürfnis nach Selbstkonsequenz zu erfüllen, sind zahlreich und vielfältig. Sie bilden einen Teil des Themas *Funktionsstörungen*, das ich hier nicht weiter behandeln kann.

Das Unbewußte, soweit wir es hier besprochen haben, enthält verleugnete und verzerrte psychische Elemente, die dem Bewußtsein nicht direkt zugänglich, nichtsdestoweniger aber wirklich vorhanden sind, wie es Freud schon vor Jahrzehnten schlüssig bewiesen hat[19]. Ein Großteil seiner Theorie (möglicherweise unter Ausschluß der Idee eines einzigen wesentlichen Triebes, des Sexualtriebes, oder des Triebpaares Eros/Thanatos, und seiner allgegenwärtigen Verweise auf Sublimationen) könnte ohne weiteres in unser Modell miteingeschlossen werden. Die verschiedenen psychoanalytischen Unterscheidungen von Verleugnung und Verzerrung, die man »Abwehrmechanismen« nennt, können gleichfalls ohne Widerspruch einbezogen werden. So gültig aber Freuds wesentliche Ideen auch sein mögen, sie beziehen sich reduktiv nur auf die persönliche Erfahrung und werden

durch die Verwendung einer streng linearen, deterministisch-kausalen Methodologie eingeschränkt. Aus diesem Grund hat Jung das Unbewußte, das sich ausschließlich auf die persönliche Erfahrung bezieht, das »persönliche Unbewußte« genannt.
Viel von dem, was in Freuds Konzept über das Unbewußte fehlt, kann bei den Ideen C.G. Jungs über das *kollektive* Unbewußte gefunden werden. Was damit gemeint ist, will ich für unsere Zwecke hier kurz zusammenfassen. In der gegenwärtigen »Bauphase« unseres Persönlichkeitsmodells sind die autonomen Persönlichkeitskoordinanten (die ich als Bedürfnisse, Triebe und Instinkte definiert habe) und die ererbten Formen, die den höheren Koordinanten unterlegt sind, genetisch explizite Strukturen der menschlichen Erfahrung, die im Lauf der Geschichte der Menschheit wieder und wieder wiederholt wurden und sich als positiv für das Überleben erwiesen haben. Diese Strukturen sind keine einfachen Mechanismen oder Regelkreise mit »input«-, Verarbeitungs- und »output«-Funktionen. Sie stehen mit der individuellen Erfahrung und miteinander in Wechselbeziehung und führen in dem System, das wir »Persönlichkeit« nennen, zu typisch auftretenden komplexen Strukturen, die nicht notwendigerweise genetisch explizit sind. Andersherum gesagt: Die ererbten Strukturen (die genetisch explizit sind) enthalten nicht die *ganze* mögliche menschliche Erfahrung; aber die individuelle menschliche Erfahrung, die sich auf diesen Strukturen aufbaut, zeigt eine Vielfalt von Strukturen, die für alle Menschen typisch sind. Diese Strukturen können für das ganze System der menschlichen Ökologie homolog (oder »isomorph« in der Sprache der Systemtheorie) sein. Der Mikrokosmos der individuellen Persönlichkeit steht mit dem gesamten ökologischen System in Resonanz und Wechselbeziehung. Die gemeinsamen isomorphen Strukturen oder Kommunikationscodes, die diese Resonanz vermitteln, würden einer der Bedeutungen von Jungs »Archetypen« entsprechen. Die Gesamtheit der Übereinstimmung zwischen der individuellen Persönlichkeit und dem menschlichen ökologischen System würde dann

dem entsprechen, was Jung das »kollektive Unbewußte« nannte. Aber warum *unbewußt?* Erstens, weil allein schon die Komplexität der Wechselbeziehungen zwischen dem einzelnen und dem kollektiven menschlichen System weit über die Grenzen unserer bewußten Wahrnehmungsfähigkeit hinausgeht. Zweitens, weil die üblichen kognitiven »Werkzeuge«, mit denen wir hantieren, untauglich dafür sind, die Beziehungen zu erfassen, die auf der Ebene der Archetypen bestehen. Unsere so gehegten und gepflegten Zeit-Raum-Kausalitäts-Kategorien lassen uns traurigerweise im Stich, wenn wir versuchen, die fundamentalen Wechselwirkungen zwischen den Menschen zu verstehen. In seiner Arbeit über die »Synchronizität« hat es Jung deshalb mit akausalen Beziehungen versucht[20]. Wir wollen uns aber nicht zu weit auf Dinge einlassen, die spekulativ sind, betrachtet vom Standpunkt der heutigen Wissenschaft aus. Das Wichtige ist Folgendes: Viele Ereignisse im Individuum, unter Individuen und zwischen Individuen und dem menschlichen ökologischen System sind unbewußt und von einem streng personalistischen Standpunkt aus unerklärlich. In einem gewissen Sinn sind diese Ereignisse für den Betroffenen objektive Geschehnisse. Deshalb wahrscheinlich nannte Jung dieses kollektive Unbewußte auch die »objektive Psyche«. Aber diese Ereignisse betreffen uns wirklich »von hinten« – in Form kreativer Inspirationen und zerstörerischer emotionaler Anstürme, geistiger Einsicht und kollektiver »Psychose«, gewisser Arten von Träumen und Phantasien usw. Die Bedeutung dieser »irrationalen« Ereignisse ist vorgedanklich und daher irrational, aber immer Ersatz für bewußte Exzesse. Sie ist nur durch die bestmögliche, aber nie explizite Kombination von Erfahrungselementen auszudrücken, die ein »Symbol« im Jungschen Sinne bilden: ein Bild, eine analoge Darstellung, die abzielt auf eine Versöhnung der Gegensätze, auf die Auflösung der immer wieder auftretenden Spannung zwischen dem Teil und dem Ganzen.

Das Unbewußte ist daher all das, was unsere kognitive Funktion in ihre kognitiven Schemas und Konstrukte nicht einschließen will – weil es in irgendeiner Art bedrohlich ist – oder nicht einschließen kann – weil es schwer oder unmöglich zu erfassen ist. Es reicht von höchstpersönlichen Ursprüngen, die durch Lebenserfahrung analysierbar werden, bis zu kollektiven Ursprüngen, die nur mit Hilfe profunder Kenntnisse des Geistes zu verstehen sind (und auch dann nicht ganz). Dies alles wurde eingehendst von der traditionellen Psychologie untersucht, besonders von den psychoanalytischen Schulen im Gefolge Freuds, von den tiefenpsychologischen im Gefolge Jungs und von einigen existentiellen Richtungen, wie den Anhängern von Viktor E. Frankl.

Wenn nun die unbewußten Inhalte der Kognition nicht zugänglich sind, was macht sie dann so wichtig, daß sie als einer der Kanäle (»von hinten«) der Wechselbeziehungen, die das Selbst beeinflussen, betrachtet werden? Die Antwort ist einfach: Sie tragen dazu bei, die Metaphern der Wirklichkeit zu erstellen, die das »Ich« und meine Beziehung zu anderen und die verschiedenen Lebensaspekte einschließt. Es wäre überflüssig, die längst erwiesenen Auswirkungen der Abwehrmechanismen (Negation, Verdrängung, Fixierung, Reaktionsbildung, Projektion usw.) auf das Ich oder die persönliche Selbststruktur schlechtzumachen. Die psychoanalytische Technik hat immer wieder gezeigt, daß durch gemeinsame Anstrengungen zumindest die persönlichen Aspekte des Unbewußten – diejenigen, die durch die persönliche Geschichte des Umgangs mit Bedürfnissen und Trieben/Instinkten erklärbar sind – bewußt gemacht werden können. Doch nicht einmal diese Anstrengungen ergeben immer eine klare, objektive oder integrierte Persönlichkeit (ein hochgestecktes Ziel, das immer wieder angestrebt, aber nicht unbedingt erreicht wird). Außerdem bleibt immer noch das kollektive Unbewußte, das gehandhabt werden muß.

Das geschieht hauptsächlich durch die *Projektionen*. Was ich persönlich nicht verstehe und womit ich nicht fertig werde, *muß* zu äußeren Faktoren gehören. Das »Böse«, zum Beispiel, wird leicht so dargestellt (auch von hochentwickelten Menschen),

daß es zum »Feind« gehört. Dieselben Personen werden es auch vorziehen, statt sich mit der inneren explosiven Kraft des Gottesbildes auseinanderzusetzen, diese Kraft zu projizieren (und sich dann auf sie zu beziehen) mittels der gut eingeführten Symbolik der verschiedenen Religionen. Marie Louise von Franz hat diese Themen in ihrer Arbeit über die Projektionen hervorragend dargestellt[21]. Sich von diesen Projektionen wieder abzuwenden, ist wahrhaft eine Lebensaufgabe.
Unser Bild von der Welt als Teil des Selbst enthält projizierte, unbewußte Faktoren, die mit mehr oder weniger Geschick bewußt gemacht werden können. Wie bei den Schleiern der Maja, scheint auch die »Enthüllung« der Projektionen eine nie endende Aufgabe zu sein. Diese Schleier, die im Unbewußten der untersten Ebenen der Persönlichkeit ihren Ursprung haben oder in unserer Beziehung zur Gesamtheit unserer Existenz, tragen wirklich etwas, »von hinten«, zu unserem Selbst bei.

Die Beziehung zur Außenwelt

Nun kommen wir zum *dritten* Kanal der Wechselbeziehung unseres Selbst: dem zu der »Außenwelt«. Die Umgebung einer Person, einschließlich der Freunde, der Familie, der Arbeitswelt, des kulturellen Milieus, ist ein System, das die einzelnen und kollektiven Ziele seiner Mitglieder einander anpaßt. Als System von Lebewesen ist es selbst lebendig und versucht sich homöostatisch zu erhalten und sich zu einer komplexeren Struktur zu entwickeln. Um funktionstüchtig zu sein, *muß* dieses System auf vorhersagbare Mitglieder zählen – zumindest in einem gewissen Ausmaß. Andernfalls hört der einzelne auf, Mitglied des Systems zu sein; oder er muß, wenn er das kann, die Anforderungen dieses sozialen Systems in seinem Sinn ändern. Das Individuum wiederum braucht einen vorhersagbaren sozialen Kontext. Daher muß »nolens-volens« eine Anpassung gefunden werden. Diese Anpassung ist ein echter kybernetisch geschlossener Kreislauf, bei welchem der einzelne auf die Gesellschaft

Einfluß nimmt und umgekehrt. Der Idealfall wären (für die Gesellschaft wie für den einzelnen) zwischenmenschliche, institutionelle und Gruppenbeziehungen, die sauber voraussagbar und konsequent sind, ohne daß dabei Kreativität, Einfallsreichtum, Frische und Neuheit verlorengehen – natürlich eine unmögliche Aufgabe. Aber Anpassung gibt es. Es handelt sich dabei um die Gemeinsamkeit von Konstrukten, von Vermutungen, die vom Bewußtsein erfaßt werden kann und dem entspricht, was wir »kollektives Bewußtsein« nannten. Es ist ein Subsystem der menschlichen Beziehungen und enthält »gesunden Menschenverstand«, praktische Aspekte der Tradition, die veröffentlichte Meinung, die Anstrengungen der Soziologie, das kollektive menschliche Handeln in objektiven, wissenschaftlichen Begriffen zu erklären, usw.

Und es ist ein Subsystem, das mit großer Macht ausgestattet ist. Es bildet, durch Widerspiegelung, sozusagen die Außenhaut, die sichtbaren, öffentlichen Aspekte unseres Selbst in der Wechselwirkung mit der Gesellschaft. Dieses kollektive Bewußtsein ist das übereinstimmend akzeptierte und oft voreingenommene Maß für »geistige Gesundheit«, für das, was »normal« ist; wer davon abweicht, wird leicht mit dem Stigma des »Wahnsinns«, der »Verrücktheit« versehen. Aber diese Berechenbarkeit für andere kann, wenn gewisse Leute sie sich zunutze machen, oft dazu führen, daß der kollektiv bewußte Maßstab für »geistige Gesundheit« in einen kollektiven »Wahnsinn« umschlägt, wie es die Antipsychiatrie oft geltend gemacht hat. Aber nur wenige können den Forderungen der Allgemeinheit widerstehen. Auch die Personen, die mit den Kategorien des »Normalseins« nichts anfangen können, entscheiden sich für ein abweichendes Verhalten, das vorhersagbar unvorhersagbar ist.

Das Selbst hat also eine schwierige Aufgabe. Es muß wie ein Seiltänzer eine Reihe von Einflüssen aus der Umwelt mit der übrigen Persönlichkeit ausbalancieren. Angepaßt werden müssen die ererbten Rufe der Natur »von unten«; die Anforderungen »von hinten«, von dem, was aus dem Unbewußten (gleich, welchen Inhalts) ins Bewußtsein vorzudringen sucht; soziale Anforderungen »von außen her«, und schließlich, wie wir später sehen werden, die dringlichen Forderungen nach mehr Ordnung »von oben her«. Und bei alledem muß das Selbst seinem eigenen spezifischen Bedürfnis nach Selbstvorhersagbarkeit und Selbstkonsequenz folgen. Eine so komplexe Aufgabe kann man einfach nicht durch schön geordnete, digital-symbolische Ursache-Folge-Rechenverfahren oder Handlungsanweisungen in jeder vorstellbaren Situation lösen. Die Bedürfnisse des Selbst verlangen nach einem ständigen Probieren und Wiederausprobieren von analogen, weitreichenden Metaphern oder Bildern der Wirklichkeit, das mit der Hoffnung verbunden ist, die Spannungen zu lösen, die durch die widersprüchlichen Teilansichten der wahrgenommenen Realität hervorgerufen werden. Diese Metaphern sind nie ganz widerspruchsfrei. Wir haben alle, so weit ich das sehe, viele »Unterselbsts«, die wir immer wieder zu einem in sich stimmigen Ganzen zu verschmelzen versuchen. Das Selbst ist mancherlei Wandlungen, oder auch Zufällen, unterworfen. Unterschiedliche soziale Bedingungen erfordern unterschiedliche Schemas der Vorhersagbarkeit. Bin ich Mitglied der Armee, wird von mir verlangt, daß ich mich anders verhalte denn als Mitglied meines Golfclubs. Das sind die verschiedenen Facetten des »sozialen Selbst«. Was ich wiederum als mein inneres Selbst betrachte, kann man das »private Selbst« nennen, und in meinen Sonntagskleidern erscheine ich mir als das »ideale Selbst« usw. Das sind Zwänge des täglichen Lebens, mit denen wir gewöhnlich leidlich gut zurechtkommen. In manchen Fällen jedoch geraten diese Rollen miteinander in Konflikt und vertreten unvereinbare Facetten, die man auf lange Sicht im Bewußtsein seiner selbst auf dem Gebiet der Werte nicht miteinander verbinden kann. Das führt zu Funktionsstörungen, wie der dissoziativen Hysterie. Aber wir müssen diese spezifische Materie noch offen lassen, bis wir einen Gesamtüberblick über die Wechselbeziehungen der Persönlichkeitskoordinanten haben.

Dieser dritte Kanal der Wechselbeziehungen des Selbst, der mit der Außenwelt, könnte uns als Übergang dienen, um die verschiedenen Theorien der Persönlichkeitspsychologie (oder die meisten davon), die sich auf die Motivation im Individuum konzentrieren, mit jenen Theorien zu vereinigen, die sich auf die Umgebung oder die soziale Umwelt als wichtigsten Faktor konzentrieren, der das Schicksal einer Person bestimmt. Diese letzteren Ansichten, so wie die systemischen und die strukturellen (meistens Familien-)therapeutischen Ansätze und ein Großteil der sozialen und kulturalistischen Psychologie, betrachten das »Innere« einer Person oft als den »schwarzen Kasten« (Black Box), wobei alles, was wir darüber wissen können, nur die beobachtbaren Beziehungen zwischen dem eingegebenen Reiz (Input) und der ausgegebenen Verhaltensweise (Output) sind. Diese Verfahren arbeiten mit Eingriffen, die das kollektive Bewußtsein einer untersuchten Gruppe (Familie, Arbeitsgruppe usw.) modifizieren. Dies geschieht auf zwei grundsätzliche Arten: Einerseits versuchen die mehr strukturellen Verfahren, direkt – durch ausgeklügelte, hochspezialisierte Taktiken – das äußere Verhalten der Mitglieder einer Gruppe zu modifizieren. Andererseits versuchen die Schulen, die mehr auf die Kommunikation ausgerichtet sind, das individuelle soziale Selbst (einzeln oder in Gruppen) durch hypnotische oder hypnoseartige Eingriffe zu verändern. Bei beiden Arten wird versucht, eine berechnete Veränderung der Gemeinschaftsmetaphern der Realität zu erreichen. Die eingesetzten Strategien sind so berechnet, daß die sich ergebenden Gemeinschaftsmetaphern des kollektiven Bewußtseins in den Möglichkeiten der übrigen, nicht-sozialen Teile des individuellen Selbst verankert werden. Die Wechselwirkung zwischen den veränderten individuellen sozialen Selbsts muß auf eine erhöhte Selbstkonsequenz und Vorhersagbarkeit ausgerichtet sein, um eine therapeutische Wirkung zu haben. Konsequenz und Vorhersagbarkeit sind als Selbstbedürfnisse eng mit den übrigen Teilen der Persönlichkeiten der einzelnen Mitglieder verbunden. Falls diese Analyse der möglichen funktionalen Beziehung zwischen der intrapsychischen und der

interpsychischen Therapie von Nutzen ist, dann weist dies auch darauf hin, daß die Anwendung von Systemtherapien eine gute Kenntnis des intrapsychischen Dynamismus voraussetzt.
Der Austausch der Vorhersagbarkeit zwischen dem einzelnen und der Gesellschaft liegt bis jetzt noch sehr im argen. Die Gesellschaft als System hat ein eigenständiges Leben und ihre eigenen synthetischen Gesetze. Aber als System ist sie auch eine Funktion der Persönlichkeiten ihrer einzelnen Mitglieder. Es gibt keinen Weg daran vorbei, daß die individuelle Inkongruenz, die Fälschung des Selbst, sich auch als soziale Inkongruenz spiegelt. Die Menschen, die am meisten individualisiert sind, ihre Möglichkeiten voll entfaltet haben (»fully functioning persons« nennt sie C. Rogers), sind ziemlich unvorhersagbar, obwohl sie recht gut »nachsagbar« sein können. Aber diese Menschen sind meist bereit, der sozialen Vorhersagbarkeit Tribut zu zollen bei der Suche nach einem größeren Maß an sozialer Gerechtigkeit. Die natürliche Ausrichtung einer Person auf Sinn, auf ein immer geordneteres Auf-der-Welt-Sein zu fördern, scheint der einzige Weg zu sein, um das Wirken der sozialen Gesetze zu unseren Gunsten zu ändern. Wenn wir selbst nicht wissen, wie wir zu uns und zu den anderen stehen, wie kann dann die Gesellschaft dem abhelfen?

Die Existenz des Geistes

Wir wollen das Vorhergehende nochmals zusammenfassen. Das Nachdenken über sich selbst ist der Vorläufer der Willensfreiheit. In ihrer minimalsten Form ist diese Freiheit als die Fähigkeit definiert, für die kognitiven Strukturen zu optieren, ohne Rücksicht auf die übrigen Persönlichkeitsbedürfnisse. In ihrer höchstentwickelten Form ist die Willensfreiheit eine echte, verantwortliche Wahl. Das Ergebnis dieser Freiheit war die Geburt des Selbst, der persönlichen Identitätskoordinante, die auf Selbstkonsistenz ausgerichtet ist, entweder in Harmonie mit der übrigen Persönlichkeit und der Welt oder um den (variablen)

Preis der Verfälschung von Teilen dieser Persönlichkeit, der Abspaltung des Unbewußten oder der Verleugnung relevanter Wahrnehmungen der Umgebung mit den Folgekosten der schlechten Anpassung für den einzelnen und die Gesellschaft.
An dieser Stelle möchte ich darauf hinweisen, daß wir den alten Rückzug auf die Trennung von »Körper« und »Geist« nicht benötigten. Der Geist ist eine unvermeidbare Folge der evolutionären Entwicklung, insbesondere des Nervensystems. Es überrascht uns nicht, daß Computer vieles von dem machen können, was unser Gehirn kann; sie können »geistige Darstellungen« – Bilder der Realität – in ihrem Speicher haben (etwa die Videodarstellung des Schachbrettes in einem elektronischen Schachspieler); sie können Hypothesen aufstellen und sie austesten (Ihr elektronischer Schachspieler macht das). Man könnte sogar sagen, daß Computer ein beginnendes Bewußtsein haben; einen gewissen Spielraum an Vertrautheit, in dem sie handeln und vorhersagen (Ihr Schachspieler fühlt sich im Schachspiel recht »zu Hause«). Was die Computer jedoch (noch) nicht können, ist, über sich selbst nachzudenken, sich selbst als Objekte zu sehen. Wenn ich hier eine spekulative Abschweifung machen darf: Ich bin der Meinung, daß unabhängig selbstreflektierende Computer, komplett mit Selbstbewußtsein oder einem Bewußtsein zweiten Grades, bald gebaut werden. Ich will aber auch hinzufügen, daß wir, als Nachahmer der Natur, nur das nachmachen können, was wir verstehen. Und seit wir uns eine schwache Vorstellung machen von einem multidimensionalen Universum, das über unser vertrautes Zeit-Raum-Kontinuum hinausreicht, ist es vollends unwahrscheinlich, daß wir je eine qualitative Annäherung an das menschliche Denken (obwohl wir es quantitativ schon tun) erreichen werden, ganz zu schweigen vom menschlichen Fühlen.
Diese Ansichten gehen Hand in Hand mit einer Denkrichtung, die sich »psychoneuraler Monismus« nennt und die den Geist als aus dem Nervensystem hervorgehende Qualität betrachtet, die als hervorgetretenes »Wesen« Existenz besitzt. Beim psy-

choneuralen Dualismus andererseits wird der Standpunkt vertreten, daß Geist und Materie, Geist und Nervensystem, getrennte, aber parallele oder komplementäre Einheiten sind.

Ob der Geist (wie bei Plato) unabhängig von der Materie existieren kann, oder noch zugespitzter ausgedrückt, ob der persönliche Geist ohne den Körper weiterexistiert, ist für mich immer noch eine offene Frage, auch wenn wir den psychoneuralen Monismus akzeptieren. Ein Argument zugunsten dieser Idee könnte folgendermaßen aussehen: Wir haben akzeptiert, daß die aufgetauchte Qualität, die wir persönlichen »Geist« nennen, systemisch in Wechselbeziehung steht mit dem kollektiven »Geist« jener Systeme, mit denen schon eine Beziehung besteht oder zu denen dieser Geist gehört. Die kollektiven Systeme werden bis zu einem *gewissen* Grad vom persönlichen Geist beeinflußt. Daher werden bestimmte Analoga des persönlichen Geistes vom kollektiven Geist aufgenommen, ähnlich wie die Handlungen des einzelnen im kollektiven Gedächntis erhalten bleiben.

Zusammenfassung

1. Der evolutionäre Vorläufer des Selbst, das ursprüngliche Selbst, ist vormenschlich. Es ist das Ergebnis der kognitiven Fähigkeit und konzentriert sich auf die Vorhersagbarkeit. Der Körper als das am meisten vorhersagbare Phänomen ist der frühe Träger des Identitätszentrums.
2. Die Selbstbetrachtung ergibt sich daraus, daß derjenige, der die Hypothese erstellt, sich selbst in die eigenen Hypothesen miteinbezieht. Das ist der Ursprung der Willensfreiheit (wie beschränkt auch immer) und des Selbst.
3. Das Selbst ist die Persönlichkeitskoordinante der Identität. Es hat ein besonderes Bedürfnis nach Selbstkonsistenz oder Vorhersagbarkeit. Konfrontiert mit den Einflüssen »von unten« (Bedürfnisse, Triebe/Instinkte), »von hinten« (das persönliche und kollektive Unbewußte) und »von außen« (Um-

welt), kann das Selbst (und tut es auch bis zu einem gewissen Grad) die Erfahrungsinhalte (die Struktur und die Inhalte aller psychischen Ereignisse) verleugnen oder verzerren. Dadurch kann es in kleinerem oder größerem Ausmaß von der übrigen Persönlichkeit ab- und in sich selbst gespalten sein.

4. Der Brennpunkt der Kognition und der eigentliche Sitz des Selbst ist das kognitive Zentrum. Es kann Tatsacheninformation in streng logischer Form verarbeiten, aber es kann auch Affektinformation verarbeiten, soweit die Verständigungskanäle zwischen dem Selbst und der übrigen Persönlichkeit offen sind. Logische und affektive Information bilden gemeinsam die Gefühle.
5. Der innere Verständigungskanal, über welchen das Selbst mit der restlichen Persönlichkeit in Kontakt tritt, ist der *Gefühlsprozeß*. Er ist einem »Probekreislauf« analog, mit dessen Hilfe das kognitive Zentrum die Reaktion der Gesamtpersönlichkeit auf echte oder vorgestellte innere oder äußere Zustände ausprobieren kann, *einschließlich* der emotionalen Reaktionen.
6. Das Selbst vollführt einen Balanceakt zwischen sich selbst und Quellen von unten, hinten, außen und oben, der zur Herstellung von Metaphern der Realität führt bei dem Versuch, die wesentlichen Bedürfnisse nach Vorhersagbarkeit – seiner selbst und der Umgebung – sowie der Selbstkonsistenz zu erreichen.

Die Selbsttranszendenz

Bei der Betrachtung der in der Evolution nacheinander auftauchenden Errungenschaften, von den autonomen Bedürfnissen bis zum Selbst, taucht die Frage auf: Bleibt die Entwicklung an diesem Punkt stehen? Ist das Selbst als geeignetes Zentrum für das Jonglieren mit verschiedenen Bedürfnissen »von unten«, »von hinten« und »von außen« der höchste Ausdruck der Entwicklung unserer Gattung? Es gibt gute Gründe dafür, anderer Meinung zu sein. Das Leben entwickelt sich immer, wenn es kann, zu komplexeren Formen und wird zu immer komplexeren Systemen von Organismen zusammengefaßt. Wenn in einem bestimmten Evolutionsstadium das Gleichgewicht sozusagen »etabliert« und anerkannt ist, dann steht die Möglichkeit einer umfassenderen Ordnung schon vor der Tür. Wie im dritten Kapitel beschrieben wurde, tritt die homöostatische Tendenz eines höher entwickelten Systems in einem darin befindlichen Subsystem als proaktive Richtung auf, die zu einem Drang wird, wenn ausreichende Bedingungen vorhanden sind.

Genauso hat sich auch unsere Persönlichkeit im Verlauf der Evolution entwickelt, und unsere individuelle Persönlichkeit wiederholt diesen phylogenetischen Prozeß. Es müssen nicht nur die Ansprüche der autonomen Bedürfnisse (von unten) erfüllt werden, die persönlichen Bedürfnisse der Wechselwirkung (mit der Außenwelt) und die persönlichen Bedürfnisse, die aus unbewußten Prozessen stammen (von hinten). Darüber hinaus wird der Kern unseres Selbst (unser kognitives Zentrum als Ort des Bewußtseins und der Wahl) dazu aufgerufen, bewußte Entscheidungen zu treffen, indem es andere *Systeme* lebender Wesen in Betracht zieht. Wenn dem nicht so wäre, würde der Sinn des Lebens mit dem Erwerb solcher Dinge wie Komfort, Anpassung und ein bißchen Aufregung in einer vorhersagbaren Welt erreicht sein.

Das scheint aber nicht der Fall zu sein, am wenigsten bei jenen Vertretern der Menschheit, die wir am meisten bewundern. Etwas treibt diese Männer und Frauen dazu, Harmonie *auch* in Systemen von Individuen zu suchen, außerhalb dessen, was *nur* das »Ich« bedeutet. Diese Menschen befassen sich nicht nur bewußt mit inneren und äußeren persönlichen Engagements, sondern sie haben zumeist noch eine proaktive Richtung, die sie dazu führt, Sinn zu entdecken und zu aktualisieren, der über das »persönliche« Selbst hinausgeht. Wie alle anderen Persönlichkeitskoordinanten, kann auch diese Selbsttranszendenz als Faktor gesehen werden, der ein Bedürfnis hervorruft, das man spürt und das, von den unteren Koordinanten her gesehen, wie eine proaktive treibende Kraft erscheint, als etwas, das man erreichen möchte. Es ist das existentielle, bewußte Bedürfnis, Sinn zu entdecken und zu aktualisieren, indem man Harmonie und Selbstkonsistenz mit der Gemeinschaft der Lebewesen – insbesondere der Menschheit – findet. Es geht dabei um ein Bedürfnis, das immer noch als »mein« Bedürfnis empfunden wird, das aber sein Zentrum nicht nur im Dynamismus »meiner« Persönlichkeit findet, sondern in mir *und* anderen, genauer gesagt: *zwischen* mir und anderen. Diese Verschiebung des Zentrums bedeutet, meiner Meinung nach, einen qualitativen Unterschied, der eine getrennte Analyse der Selbsttranszendenz erfordert. Man kann auch sagen, daß es sich dabei um eine Entfaltung des Selbst, wie es in den vorhergehenden Kapiteln dargestellt wurde, handelt.

Das Bedürfnis nach dem größeren Ganzen

Einer der Aspekte des besonderen Bedürfnisses, welches die Selbsttranszendenz charakterisiert, ist das »Heilen« eines Zustandes des Getrenntseins, welcher unvermeidlich wurde, als das Selbst in unserer Entwicklungsgeschichte als Gattung entstand. Das Auftauchen eines ursprünglichen Selbst und seine spätere Entwicklung zu unserem derzeitigen Selbst hat uns in vieler Hinsicht von einem natürlichen »vorgegebenen« Eingeschlossensein in die Gesamtheit der Dinge getrennt. Die offensichtlicheren und sofortigen Forderungen, mit denen die anfängliche Kognition – der Vater des Selbst – zu tun hatte, waren natürlich egoistisch: *meine* Bedürfnisse, *meine* Bequemlichkeit – anders hätte es auch gar nicht sein können. Die Verstoßung aus dem Paradies konnte nicht vermieden werden. Aber die spätere Richtung der Entwicklung zu einer noch höheren Organisation führte notwendigerweise zur Evolution der Selbststruktur, die nicht nur das »Ich« als Zentrum meiner Interessen bei der Betrachtung der Welt miteinschloß, sondern auch immer größere Teile der wahrgenommenen Realität – im Rahmen dieses Bedürfnisses nach Konsequenz und Vermeidung des Widerspruchs.

Gegen diese Ansicht könnte man sagen, daß die Macht der Kollektivität, die das Selbst den Gemeinschaftsinteressen unterwirft, schon lange vor dem phylogenetischen Beginn der Selbsttranszendenz vorhanden war. Das kann man nicht bestreiten. Als instinktive Tendenz ist diese Selbsttranszendenz schon sehr, sehr alt und sitzt noch immer sehr tief in uns. In der Tiefe unserer Instinkte können wir eine Art von Sinn in der Unterwerfung unserer Interessen unter die der Kollektivität finden: in unglaublichen Handlungen des Heldentums und der Selbstaufopferung; indem wir Trost darin finden, unsere Identität in den Wassern des Kollektivs aufzulösen, mit dem Strom zu schwimmen. Wir kennen diese Triebemotionen genau. Arthur Koestler hat dieses Thema großartig in seinem Werk »Logic of the Moist Eye« bearbeitet[22]. Aber diese Triebe gehen zum größten Teil nicht aus einer persönlichen, ethischen Wahl hervor. Sie können ebenso zu bewundernswerter Selbstaufopferung führen wie auch zu Handlungen grotesker Unmenschlichkeit unter dem Banner eines selbsternannten Retters der Menschheit. Mit Koestlers Worten: »Die selben SS-Truppen, die die ganze Bevölkerung von Lidice niedergemäht haben, waren fähig, anderenorts wie die Verteidiger der Thermopylen zu sterben«[23]. *Das* liegt an der Wurzel des Getrenntseins, zu dessen Erben uns unsere Kognition und unser Selbst machen: Wir haben ein instinktives Verlangen danach, in eine höhere Gesamtheit miteingeschlossen zu werden. Doch ist unser Selbst oft nicht darauf vorbereitet, bewußt mit den damit verbundenen Widersprüchen umzugehen. Wir schützen uns immer noch vor dem Unbekannten, indem wir unsere Stammesgrenzen setzen und alles andere als den Feind von außen identifizieren.

Tief in unsere Persönlichkeit ist jedoch schon eine Struktur eingepflanzt, die die organistische Grundlage der Ethik ist. Sie ist phylogenetisch alt genug, um schon in der frühen Kindheit aufzutreten, wenn sie nicht bereits im Keim erstickt wird. Man nennt sie *Gewissen.* Viktor E. Frankl stellt ganz richtig fest: ». . . das Gewissen reicht bis in die unbewußten Tiefen hinunter und entspringt einem unbewußten Grund«[24]. So, wie es in unserer Genetik ausgeprägt ist, reicht das Gewissen aber nicht weit genug und führt dadurch zu den oben angeführten Widersprüchen. Diese genetisch bestimmte instinktive Struktur ist aber nur ein beim Menschen konkretisierter Aspekt einer allgemeineren Struktur der Persönlichkeit, der mit der homöostatischen Tendenz der gesamten Umwelt in Resonanz steht (davon war am Ende des zweiten Kapitels bereits ausführlicher die Rede). In diesem Sinn ist das Gewissen ein zwingender Archetyp, der den einzelnen und das Kollektiv durch die bewußte Wahl bindet. Man könnte es auch den »Archetyp der Ethik« nennen. Dieser Archetyp streift den Rand des »Geistigen«, wenn wir unter »Geist« die Anziehungskraft verstehen, die dazu auffordert, das Gegebene zugunsten eines harmonischer Organisierten zu verlassen. Dies kann sich schon in sehr frühen Lebensstadien zeigen, wird aber unweigerlich zum Hauptthema am Ende der Bewußtseinsentwicklung, und zwar als die Suche nach dem Sinn der Existenz in dieser Welt.

Für unser kognitives Zentrum, den Sitz der bewußten Entscheidung, ist dies eine Angelegenheit von höchster Anstrengung und Verantwortung. Es ist der erste Schritt zum »Werk«, der »großen Arbeit des Geistes«, womit man ein bewußtes Arbeiten an sich selbst meint, um eine persönliche Balance zwischen dem Einfachen und dem Komplexen in uns zu erreichen und auch mit dem allgemeinen Verlangen allen Lebens: nach Schönheit, nach Harmonie und nach Wahrheit.

Die Entfaltung des Selbst zur Selbsttranszendenz hat eine Richtung, nämlich die von einer einfacheren zu einer komplexeren Ordnung. Darin unterscheidet es sich nicht von allen anderen Entwicklungen. Es wäre unmöglich, sich mit dieser »großen Arbeit« zu befassen, die auf letzte Sinnfragen gerichtet ist, ohne sich zuerst bewußt mit den fundamentaleren Ebenen unserer Persönlichkeit vertraut zu machen und auseinanderzusetzen, mit den übrigen »ungekochten Samen«, um eine Metapher von Ram Dass zu verwenden[25]. Und dies sowohl mit dem Licht, mit dem unser Verstand unsere Weltsicht erleuchtet, als auch mit dem der Realität innewohnenden Sinn, den nur unser Herz entdecken kann.

Der letzte Absatz ist vielleicht zu poetisch geraten. Ich will ihn daher in etwas formalere Begriffe »übersetzen«. Mit Hilfe unseres Verstandes, unseres mehr »digitalen« Verstehens der Realitätsmuster, können wir uns Modelle dieser Realität aufbauen, die Verständnishilfen sind in dem Sinn, daß wir vorhersagen und das Terrain unserer Bedürfnisse abstecken können. Dadurch können wir die Bedeutung unserer Gefühle und unseres Verhaltens (und die der anderen) »wissen« in den uns vertrauten Bereichen der Persönlichkeit. Aber welche Bedeutung bis jetzt unbekannte Situationen für das Wachsen und sich zu geordneteren Gestalten Entwickeln haben, können wir nur wahrnehmen und fühlen mit Hilfe des analogen Teils unserer Kognition. Das ist das »Herz«, von dem ich sprach: die Resonanz, die wir intuitiv erfassen, wenn wir unter Werten wählen, die »richtig« und sinnvoll sind, nicht im Sinne dessen, was für uns günstiger ist, sondern was uns wachsen läßt. Es ist das »innere Lauschen« mit dem »Ohr« des Gefühlsprozesses auf das Konzert der Stimmen in unserem Organismus.

Kommen wir jetzt zu Konzepten wie »Sinn«, »Wert« und »Verantwortung«, die zentral sind für jene Menschen, die zu uns über unsere höchsten Möglichkeiten sprechen. Dabei werde ich das, was ich in den vorhergehenden Absätzen besprochen habe, zusammenfassen zu einer genaueren theoretischen Sicht der Natur des Wachstums und der Entwicklung.

Was ist »Sinn«?

Ich beginne mit einer Definition dessen, wie ich den Begriff »Sinn« verwende. Er ist hier eng mit dem Konzept »System« verbunden, das als eine Gruppe von Elementen mit Wechselwirkung betrachtet wird, bestimmt von einer Reihe synthetischer Gesetze, die eine homöostatische Tendenz zu einem Idealzustand dieses Systems beschreiben. Jedes echte System steht auch mit seiner Umgebung in einer Wechselwirkung, wobei Materie, Energie *und Information* ausgetauscht werden. Die in diesem Prozeß ausgetauschte Information (gegeben oder erhalten) hat eine Art von »Sinn« in dem Maße, in dem dieser Prozeß die Gleichgewichtstendenz der betroffenen Systeme beeinflußt, in Richtung auf den Idealzustand oder auch dagegen. Was die Homöostase, das Gleichgewicht, betrifft, so haben alle Wechselwirkungen einen positiven oder negativen Aspekt für das jeweilige System. Nehmen wir das System der menschlichen Grundbedürfnisse: Nahrung hat normalerweise ein positives Vorzeichen und Gift ein negatives für die Person. Dies ist eine erste Form, in der wir den Begriff »Sinn« verwenden: Er meint die »*Valenzen*«, den Wert der Information für ein bestimmtes System. Diese Art von »Sinn«, die ich im folgenden »Valenz« nennen werde (in Übertragung des Begriffes von Kurt Lewin), hat immer zwei gegensätzliche Pole (die sich natürlich entwickeln können). Eine zweite Bedeutung von »Sinn« meint ein »Gerichtetsein«, das das betroffene System in einen komplexeren und geordneteren Zustand verwandelt. Wenn wir vom »Sinn des Lebens« sprechen oder vom »Sinn meiner Arbeit«, haben wir keinen negativen Pol mehr, sondern die Richtung, die uns vorantreibt. Es ist eine Anziehung, die von vorn her ausgeht, von etwas, an dem wir gern teilnehmen wollen. Für diese Bedeutung des Begriffs werde ich das eigentliche Wort »Sinn« verwenden.

Wie kann das in Systembegriffen beschrieben werden? Im zweiten Kapitel haben wir gesehen, daß lebendige Systeme aus Untersystemen bestehen und ihrerseits in umfassendere Systeme eingebettet sind und immer mit jenen Systemen, die über- oder untergeordnet sind, in Wechselwirkung stehen (das Thema der Ökologie im weitesten Sinn). Wir haben auch festgestellt, daß die Entwicklung des einzelnen (ontogenetisch) oder der Gattung (phylogenetisch) aus Veränderungen des Idealzustandes von lebenden Systemen in Richtung auf höhere Komplexität und Ordnung besteht; daß der »Grund« dieser proaktiven Verwandlung des Idealzustands (normalerweise) in der homöostatischen, gleichgewichtsuchenden Tendenz eines geordneteren übergeordneten Systems zu finden ist: die Homöostase eines Systems ist die Proaktivität eines darin eingebetteten. *Dies,* die besondere Information, durch welche ein System über sich selbst hinausgeht und sich in eine komplexere und geordnetere Organisation entwickelt, heißt »Sinn«, so wie wir das Wort hier verwenden werden. Es ist in eine einzige Richtung gerichtet, auch wenn, wie wir später sehen werden, Organismen oft regressive Umwege suchen und sich in bekannte frühere Zustände zurückziehen, um von dort aus einen besseren Fortschritt zu erreichen (»reculer pour mieux sauter«); und auch wenn diese Regressionen manchmal in Sackgassen führen.

Wir wollen nun das System der menschlichen Persönlichkeit von diesem Standpunkt aus betrachten und zu verstehen versuchen, was »Wert« und »Verantwortung« bedeuten. Zu diesem Zweck muß ich mit einer kurzen Übersicht über das beginnen, was über die Persönlichkeit schon gesagt wurde. Die Persönlichkeit ist ein Subsystem des ganzen lebenden menschlichen Individuums. Darin befindet sich eine Hierarchie von Untersystemen, die ich »Persönlichkeitskoordinanten« genannt habe. Der einzelne wiederum befindet sich als ein System in eine zunehmend komplexere und geordnetere Schichtenordnung von sozialen und anderen Umweltsystemen eingebettet. Die Wechselwirkung zwischen dem einzelnen und seiner Gesamtumwelt *einschließlich der Körperfunktionen* geschieht auf zweifache Weise: durch den sensorischen »input«, die Physiologie und das offenkundige (faktische) Verhalten – was zu Materie und Energie gehört; und durch die *Persönlichkeit* in allem, was hauptsächlich die Informationshandhabung betrifft. Die Zwischenphase zwischen Persönlichkeit und Gesamtumwelt wird vom Selbst auf der bewußten, von den archetypischen Strukturen auf der unbewußten Ebene gebildet. Eine genauere Analyse der Persönlichkeit würde mehr über ihre Informations-Natur aussagen; ich glaube jedoch, daß es in diesem Zusammenhang einfacher ist, eine allgemeine Beschreibung des Persönlichkeitsprozesses mittels der bekannteren physikalischen Konzepte (wie »Kräfte«) zu geben.

Im Gesamtsystem der Persönlichkeit kann man zwei gerichtete »Kräfte« in jedem gegebenen Augenblick und in jeder gegebenen Gesamtsituation unterscheiden. Die eine Kraft ist die Richtungs- oder Vektorensumme aller gleichgewichtsuchenden (homöostatischen) »Kräfte« in allen Untersystemen einer Persönlichkeit, als Reaktion auf eine Situation. Die andere Kraft ist die Vektorensumme aller proaktiven, wachstumsuchenden »Kräfte« der Untersysteme einer Persönlichkeit, wenn sie über sich selbst zu einer höheren Ordnung hinausgehen. Die sich daraus ergebende *homöostatische* »Kraft« stammt aus der zusammengesetzten zweipoligen Valenz der Gesamtsituation für die ganze Persönlichkeit. Die sich daraus ergebende *proaktive* »Kraft« entstammt dem zusammengesetzten einpoligen Entwicklungs*sinn* der Gesamtsituation für die ganze Persönlichkeit.

Die *Valenz* ist die decodierte Informationsverflechtung zwischen den homöostatischen Strukturen eines Organismus und denen seiner Umwelt. Sie vertritt die bewahrenden Möglichkeiten einer Gesamtsituation. Die Valenz ist dem Gesamtzustand *immanent. Bevorzugen* ist die gleichgewichtsuchende gefühlte bipolare »Kraft«, die auf Aktualisierung der bevorzugten Möglichkeit im Verhalten gerichtet ist, angesichts der vorhergehenden Erfahrung. »Erfahrung« wird hier als der Gedächtnisrückstand des Lernens verstanden, der in dem aufbewahrt wird, was ich

vorher als »Dispositionen« beschrieben habe. Je nach der Gesamtsituation (innere – äußere) kann diese Bevorzugung *(Präferenz)* positiv oder negativ sein, auf den Reiz gerichtet oder von ihm weg. Hat man Hunger, sieht das Brot sehr begehrenswert aus; hat man zuviel davon gegessen, ist es abscheulich.
Der *Sinn* ist die decodierte Informationsverflechtung zwischen den proaktiven Strukturen eines Organismus und denen seiner Umwelt. Er vertritt die Wachstumsmöglichkeiten eines Organismus in einer Gesamtsituation. Der Sinn ist ebenfalls dieser Gesamtsituation immanent. *Transzendieren* ist die proaktive gefühlte unipolare »Kraft«, die auf Aktualisierung dieser Wachstumsmöglichkeiten gerichtet ist. Transzendieren ist im wesentlichen nicht lerngebunden. Es ergibt sich aus dem fundamentalsten Motiv des Lebens: den »nächsten Schritt« zur höheren Organisation und Ordnung zu machen. Sie kann durch reduktive Feststellungen nicht analysiert werden. Sie kann nur als Wechselwirkung zwischen dem Ganzen eines Organismus und dem Ganzen seiner Umwelt gesehen werden.
Valenz und Sinn gehören *jedem* lebenden Organismus an. Bevorzugen heißt sein. Werden ist das Transzendieren des Seins. Bei allem Lebendigen sind Homöostase und Proaktivität nicht getrennt, sondern eng miteinander verbunden. Bevorzugen ist wie Quecksilber, das sich schnell verändert – die Melodie der Musik des Lebens. Das Transzendieren, das Werden, ist die sich langsam verändernde Begleitung dazu, die wechselnde Harmonie. Ohne das eine oder das andere gibt es keine Musik. Das Leben bleibt stehen. Ohne die ständige Entdeckung von Sinn geht das Leben auf unbestimmte Weise ins Leere zurück; wir sterben von innen her. Wenn wir nicht auf die Vorzüge hören, die uns die Weisheit der Erfahrung zeigt, wird uns die Welt Einhalt gebieten.
Es ist kein Geheimnis, daß Tiere auf Valenzen reagieren und eine homöostatische Auswahl der Möglichkeiten treffen, die als optimal eingeschätzt werden. Diese Ansicht hat auch der Biologie schon als ein wertvolles Werkzeug gedient. Die Tatsache, daß

auch »Sinn« für die tierischen Organismen kennzeichnend ist, geht aus der vorhandenen Literatur nicht so klar hervor.
Aber sehen wir nicht auch bei Tieren manches Anzeichen dafür, daß sie den »Lebenssinn« verloren haben, Anzeichen von Hoffnungslosigkeit? Haben Sie schon einmal den verlorenen Ausdruck eines hinter Gitter gesperrten Tigers im Zoo beobachtet, der nach langer Gefangenschaft »aufgegeben hat«? Sogar Ratten, die man unbestimmt lange in einem Tank schwimmen läßt ohne auch nur die geringste Möglichkeit zu entkommen, geben auf und ertrinken viel früher als jene, die einen periodischen Halt an irgendeinem Objekt haben, einen »Hoffnungsschimmer«. Man weiß auch von den Lemuren, daß sie »en masse« zum Meer wandern und sich ertränken, wenn die ökologischen Bedingungen für ihre große Anzahl hoffnungslos werden. Hoffnung ist die Entdeckung von Sinn im Unglück. Wenn die Bedingungen schlechter werden und Unordnung eintritt, beginnt die Regression des Organismus, der eine frühere günstige Situation sucht, die oft aggressiv primitiv ist und von wo aus die Suche nach einer Ordnung neu begonnen wird, in der ein Sinn gefunden werden kann. Während der Regression nennt man in unserer Umgangssprache das Finden von Sinn »Hoffnung«. Das habe ich gemeint, als ich vorhin sagte, der Organismus mache oft regressive Umwege; dadurch wird die Tatsache nicht verleugnet, daß der Lebenssinn in eine einzige Richtung geht. Wenn die Hoffnung verloren ist, geht die Regression in Richtung Tod und *sucht* ihn. Wahrscheinlich hat Freud aus diesem Grund den Todes-»Trieb«, Thanatos, mit dem Lebens-»Trieb«, Eros, gleichgestellt.
Wenn man vom »Sinn« in der Entwicklung spricht, so ist es schon seit längerer Zeit in der vergleichenden Psychologie ziemlich klar, daß die Tiere stark dazu motiviert sind zu *werden*, zu erforschen, sich zu verändern und zu entwickeln. Bei den Affen hat man die Neugierde als eine ausgeprägte Tendenz zur Forschung festgestellt. Aber die Tiere reagieren mechanisch auf das Bedürfnis nach Sinn. Für sie ist das Vorhandensein von Sinn

vorbestimmt. Für uns Menschen ist das anders, und damit kommen wir zur Frage der *Werte.*

Was sind »Werte«?

Ob nun das Glück mit uns ist oder Unglück über uns kommt, wir sind *immer* fähig, doch allzu oft nicht gewillt, Sinn zu erfassen. In *jeder* Situation können wir, wenn wir darauf ausgerichtet sind, gegenwärtige oder zukünftige Möglichkeiten des Wachstums entdecken. Dies geschieht mit unseren kognitiven Mitteln, den Fakten erfassenden und den intuitiven, den logischen und den bildhaften. Sinn ist nicht nur unter bestimmten Bedingungen vorhanden, er ist immer vorhanden. ». . . Leben ist und bleibt in jedem Fall sinnvoll« und »Leben ist bedingungslos sinnvoll«, schreibt Viktor E. Frankl[26]. Aber die Entdeckung von Sinn ist zunächst nur eine kognitive Tatsache, die auf eine Stellungnahme zu ihr wartet. Sobald wir Sinn entdeckt haben, müssen wir eine *innere Einstellung* dazu einnehmen, eine *Haltung* zur Realität. Und *darin* sind wir frei. Um wieder mit Frankl zu sprechen: »Der Mensch ist nicht von den Bedingungen frei . . . Aber er ist und bleibt frei, einen Standpunkt zu diesen Bedingungen einzunehmen«[27]. Es ist unsere Absicht, unsere Einstellung, welche die sinnvollen Möglichkeiten einer Gesamtsituation aktualisiert, ganz gleich, wie günstig oder hoffnungslos sie auf den ersten Blick aussehen mag. In der Sprache, die ich verwendet habe, um die Persönlichkeitskoordinanten zu beschreiben: Die Struktur des Selbst wird durch unsere bewußte Haltung verändert und damit auch unsere Beziehung zur Welt. Aber um Sinn zu finden, müssen wir uns so weit wie möglich aller Implikationen der Gesamtsituation bewußt sein, der wir gegenüberstehen.
Bewußt angenommene Einstellungen werden jedoch leicht vergessen und gehen in der Flut der täglichen Reize unter. Wenn wir uns nun wieder in einer ähnlichen Situation befinden wie jener, in der wir mühevoll oder elegant einen Sinn gefunden haben, was erinnert uns dann an das helle Fenster, von dem wir ei-

nen kurzen Blick ergattert haben? Wie speichern wir auf sichere Art dieses neu gefundene Wissen und lassen es Teil von uns werden, Teil unserer Dispositionen? Das geschieht, indem wir an bestimmten Werten festhalten, indem wir eine gewisse Haltung über einen längeren Zeitraum hin einnehmen. Solch ein Wert ist eine Einstellung, die konsequent durchgehalten wurde, um Sinn zu verwirklichen. Wir *entdecken* Sinn; wir *nehmen* eine Haltung *ein*; wir *halten* an Werten *fest*.

Die Art von Werten, auf die ich mich beziehe, haben nur eine einzige Richtung. Leider wird auch, was ich *Präferenzen* genannt habe (in zwei Richtungen gehend, alternativ) in manchen Werken der Wertephilosophie »Werte« genannt, was natürlich zu großer Verwirrung führt. Um diese Verwirrung noch zu vergrößern, werden die Werte oft als den Dingen immanent betrachtet. Präferenzen und Werte, so glaube ich, bestimmen unsere Beziehung zu Valenz und Sinn als der Informationsverflechtung mit der ganzen Umweltstruktur. Nach einer erschöpfenden Besprechung der Werte kommt Risier Frondizi zu einer ähnlichen Schlußfolgerung[28].

Wenn ich von Werten im angegebenen Sinn spreche, gehört dazu immer eine konsequente Einstellung, eine relativ freie Art der Wahl, im Bewußtsein der Elemente einer Situation. Mit »Bewußtsein« bezeichne ich eine kognitive (faktenbezogene und intuitive) Darstellung aller Facetten, die uns in einer Situation zur Verfügung stehen, auf die sich unsere Werte beziehen. Unsere Werte sind echte Motive, *intentionale* Motive.

Ich werde nun die Funktion der Werte als intentionaler Motive bei der Gestaltung unseres Schicksals beschreiben. Die Fähigkeit unseres kognitiven Zentrums zum Bewußtsein und sich des Bewußtseins bewußt zu sein usw. in einer seriellen kreisförmigen Art (wie im ersten Kapitel beschrieben) ermöglicht uns einen Gesamtüberblick über unser Hier und Jetzt, über die Totalität unserer Persönlichkeit in der Welt. Dabei haben wir eine bescheidene Möglichkeit der Wahlfreiheit. Diese letzte Behauptung ist für das Konzept »Werte«, so wie ich es verwende, entscheidend. Wir wissen alle recht gut, daß wir die meiste Zeit von der Notwendigkeit, von deterministischen Kräften getrieben werden, welchen wir uns kaum entgegensetzen können. *Aber* wir können langfristig unser Schicksal wählen. Wir können immer und überall unsere wesentliche Einstellung zu den spezifischen Tatsachen des Daseins bestimmen, ohne Rücksicht auf die kausale Verkettung der Tatsachen der harten Realität. Werte – durchgehaltene Einstellungen – verändern unser Schicksal nicht sofort. Aber über einen langen Zeitraum hinweg, wenn man an ihnen festhält, können sie die übrige Persönlichkeit und oft auch die äußere Realität hinordnen auf unsere *sinnvollen* Absichten. Wie es schon die im ersten Kapitel herangezogene Analogie vom Webstuhl und dem Schicksal illustrierte, kann eine kleine Veränderung in unserer unmittelbaren Zukunft enorme Veränderungen in der entfernteren Zukunft hervorrufen. Eine weitere Analogie, die die Funktion der Werte zeigt, könnte folgendermaßen aussehen: Stellen Sie sich einen Pfeil vor, der ins Ziel geschossen wird. Wenn ganz genau gezielt und geschossen wird, muß es unvermeidlich ein Volltreffer werden; das würde ich als »notwendiges« Schicksal betrachten. Stellen Sie sich nun die Wirkung eines Wertes vor, der wie ein kleines Feder-Ruder am hinteren Ende des Pfeils angebracht ist. Diese kleine Feder wird den Kurs des Pfeils kaum beeinflussen, wenn das Ziel sehr nah ist. Wenn unser Pfeil nun aber sehr lange unterwegs ist, wird diese Feder seine Flugbahn sehr stark ablenken und ihn an ein ganz anderes Ziel bringen. Die Auswirkung über eine große Entfernung hin wird spektakulär sein. Auf ähnliche Weise wird ein Wert, der über längere Zeit beibehalten wird, unser Schicksal »von oben« beeinflussen, und zwar viel mehr noch, als dies unser Unbewußtes »von hinten«, die Umgebung »von außen« oder unsere innere Natur »von unten« tun. Frankl sagt etwas Ähnliches, wenn er schreibt: »Der Mensch wird von Trieben gestoßen, aber von Werten gezogen«[29].

Der Grad an Freiheit, den wir tatsächlich haben, hängt (um die erwähnte Analogie als Modell zu verwenden) nicht nur davon

ab, daß wir eine konstante Haltung einnehmen, wie lange wir zu warten bereit sind, wie groß die Feder in unserem Pfeil ist und welche Entfernung er zurücklegt. Er hängt auch davon ab, von wo aus wir schießen – vom Grad des Bewußtseins bei sich wiederholenden Situationen, in welchen wir konsequent sind und einen Wert aufrechterhalten. Je mehr wir uns wiederkehrender Situationen bewußt sind, um so fähiger werden wir sein, durch intentionale Motive unser Schicksal zu verändern.
Was unsere Einstellung betrifft, so sind wir völlig frei. Wie frei sind wir nun, unser Schicksal durch intentionales Bewerten zu verändern? So frei, wie unsere Geduld und unser Bewußtsein es uns erlauben. Wir sind die einzigen Architekten unserer Werte, aber das Gebäude, das wir errichten, wird auch Ergebnis der von uns gewählten Materialien sein und der Anstrengung, die wir hineinstecken. Das Ergebnis ist ausschließlich *unser* Werk, gleich, ob wir unsere Werte erfinden oder uns ausleihen. Sie sind unser intentionaler Beitrag zu unserem Wesen und, in einem weiteren Sinn, unsere intentionale Weise, den impliziten Sinn unseres Lebens möglicherweise zu verwirklichen.

Was ist »Verantwortung«?

Da die Werte, als bewußt gewählte, durchgehaltene Einstellungen, immer einen Grad an Freiheit miteinschließen, können wir uns auch irren, können uns der Proaktivität entgegensetzen oder den Sinn verfälschen. Das ist die Grundlage der *Verantwortung*. Als unsere Gattung durch die neugefundene Freiheit dazu fähig wurde, ihr eigenes Schicksal zu erfinden, wurde die Verantwortung geboren. Aber Verantwortung gegenüber wem oder was? Nur uns gegenüber? Oder der etablierten Gesellschaftsnorm gegenüber, die wir Moral nennen? Wenn verantwortlich sein heißt, die Frage zu beantworten, die uns das Leben stellt, wie gehen wir dabei vor? Leider (oder auch glücklicherweise, sonst könnten wir ja nicht frei sein) gibt uns das Gewissen als Archetyp der Ethik keine bestimmten Anweisungen. Als wahrer

Archetyp kann es nicht ganz verstanden oder von der Kognition erfaßt werden. Als Form ohne Inhalt schreibt es die Richtung vor, aber nicht die Mittel. Der Inhalt, der das von diesem Archetyp angebotene Potential verwirklicht, ist so persönlich wie unsere Fingerabdrücke. Der Weg, auf welchem wir den höchsten Sinn unserer Existenz entdecken können, liegt in *unserer* Verantwortung – *wir* müssen antworten. Die Möglichkeit, Sinn in unserem Leben zu entdecken, ist nicht auf Anpassung und Komfort begründet – ohne diese natürlich auszuschließen –, sondern auf dem größtmöglichen Bewußtsein unserer konkreten Existenz in *jedem* Entwicklungsstadium. »Nach seinem Gewissen zu leben«, so Frankl, »bedeutet immer, auf einer höchst persönlichen Ebene zu leben, wobei man sich der ganzen Konkretheit jeder Situation bewußt ist«[30].

Entsprechend unserer Definition von Werten gibt es keine Möglichkeit, sie mit der »richtigen« Wahl gleichzusetzen. Solange ich verantwortlich bin, kann ich falsch wählen. Es gibt keine an und für sich »richtigen« oder »falschen« Werte. Sie sind es nur in dem Ausmaß, in dem sie dem Sinn unserer Existenz hier und jetzt entsprechen oder auch nicht. Außerdem ist der Sinn, als Übergang des Gleichgewichts von einer unteren zu einer höheren Ebene, seinerseits abhängig von dem Entwicklungsstand eines Individuums. Können wir von einem undifferenzierten hungrigen Waldbewohner verlangen, die Jagdgesetze zu respektieren? Können wir von einem Kind verlangen, den wahren Sinn der Elternschaft zu verstehen? Sinn ist das, was uns zu einer höheren Organisation und Ordnung treibt in der konkreten Situation jeder einzelnen Person. Aber was gestern noch sinnvoll war, kann uns heute schuldig machen; die Freuden von heute können zum Leiden von morgen werden.

Die Werte können somit »Motive« werden, zugunsten der Proaktivität, des Transzendierens des gegenwärtigen *Seins* in ein *Werden*, das sinnvoll ist. Diese Werte kann man *transzendierende* Werte (nicht »transzendente« im Sinne von Kant) nennen. Es gibt Werte, die auf das hinweisen, was schon immer von allen Menschen in Ehren gehalten wurde, etwa Schönheit, Gerechtigkeit, Harmonie und Ausgleich; das sind *universale* Werte. Es gibt aber auch Werte, die unverantwortlich, unethisch oder gar dämonisch sind.

Das Gewissen (noch einmal: eine Facette unseres Archetypenkristalls) zeigt uns eine Richtung in einer spezifischen, unmittelbaren Situation nur, insofern wir uns dieser Situation so vollständig wie möglich kognitiv und affektiv bewußt sind. Man muß sich nicht nur des äußeren Aspektes bewußt sein, sondern auch der eigenen Erfahrung. Dazu muß man einen Standpunkt, der alle vorhergehenden Entwicklungsstadien berücksichtigt, einnehmen, um eine ehrliche existentielle Wahl zu treffen. Sinn über das Selbst hinaus zu finden – Selbsttranszendenz – setzt Selbstkenntnis voraus – ein bewußtes, informiertes Rechnen mit allen verfügbaren Faktoren der vergangenen und der gegenwärtigen Existenz. Nur so kann Sinn auf jeder einzelnen Ebene verwirklicht werden durch unsere Einstellung, durch unsere Werte. Werte, die auf Unwissen beruhen, sind keine Werte, sondern Präferenzen, nicht-reflektierte Vorlieben.

»Einnahme eines Standpunktes zu allen früheren Entwicklungsstadien« könnte leicht als Hinweis auf ein Entwicklungsmodell interpretiert werden, das einen Schritt-für-Schritt-Prozeß darstellt, bei welchem jede neue Ebene erreicht wird, sobald die vorhergehenden »erobert« wurden. Das wäre eine elitäre Einschätzung der Entwicklung, bei der das mehr Entwickelte »mehr wert« ist als das weniger Entwickelte. Das ist bei dem Persönlichkeitsmodell der hier angebotenen Theorie nicht der Fall. Kurz gesagt, die grundlegenden Persönlichkeitsstrukturen werden als seit der Empfängnis *gegeben* angenommen. Die Lebenserfahrung verändert ständig die Beziehungen zwischen diesen Strukturen und ihren Inhalt. *Alle* Persönlichkeitsebenen (Persönlichkeitskoordinanten) sind aktiv und verändern sich in jedem Moment. Aber ihr Zentrum, der Sinn-Brennpunkt, bewegt sich tatsächlich am roten Faden der Schichtenordnung autonomer und kontingenter Persönlichkeitskoordinanten entlang von unten nach oben. Der Sinn als solcher kann aber nicht »höher« oder »tiefer«, »besser« oder »schlechter« sein. Er ist implizit; er existiert einfach für jede Person (in jedem Entwicklungsstadium) in der Gesamtsituation, dem existentiellen Moment. Die Entdekkung dieses Sinns ist die Aufgabe, die das Leben in jedem Augenblick stellt und die jede Person lösen muß. Das heißt Verantwortung im höchsten Sinn. Die tastenden Versuche eines Teenagers, sich einen Reim auf sein Leben zu machen, weisen nicht weniger auf die Sinnfrage hin als die Bemühungen eines erfahrenen Politikers, der sich Sorgen macht über den Weltfrieden.

Jeder Augenblick der Existenz enthält einander widersprechende Richtungen mit wechselndem Gegensatzgrad. Es ist die sinnvoll gefühlte Wahl der proaktiven Alternativen, die diesen Konflikt lösen kann, wo immer wir uns auf dem langen Weg des Wachstums, der Entwicklung oder auch der Integration befinden, wie diese Wallfahrt verschiedentlich genannt wird. Jeder Schritt auf dieser langen Reise verlangt die Versöhnung einander widersprechender Richtungen, wenn das »Spiel der Gegensätze« (*Enantiodromia*, wie die Griechen es nannten) schmerzhaft polarisiert wird und unseren Fortschritt behindert. Diese Versöhnung wird uns wahrscheinlich während der frühen Stadien der Wallfahrt durch den Impetus des Lebens selbst gegeben. Später aber wird immer mehr von uns verlangt, eine konsequente Einstellung einzunehmen und zu unseren Werten zu stehen. Das bedeutet aber oft ein Festhalten an ihnen gegen unsere Präferenzen; bedeutet, etwas anderes zu wählen als das, was unsere Neigung uns diktieren würde. Aber dieses »Aushalten« kann nur dann sinnvoll sein, wenn wir uns dieser Neigungen deutlich bewußt sind, gegen die wir halten. In diesem Sinn kann das Festhalten an einem transzendierenden Wert auf der anderen Seite ein Opfer erfordern, wenn wir unter »Opfer« den Verzicht auf etwas persönlich »Tieferes« zugunsten etwas persönlich »Höherem« verstehen, im vollen Bewußtsein dessen, was wir tun. Transzendierende Werte, so wie wir sie hier definiert haben, enthalten immer eine bewußte, informierte, freie, konsequente Wahlrichtung auf der Suche nach Sinn. Aber wir halten sicher auch an Wahlmotiven fest, die weder informiert noch frei sind, wie Gewohnheit, Nachlässigkeit, Unwissenheit, Verzweiflung, Projektion oder Introjektion (Fremdbestimmung), die sinnlos sind. Ich würde nicht einmal den Begriff »Wert« für sie verwenden, obwohl das oft getan wird. Ein besserer Ausdruck wäre »Präferenz« oder eben »Neigung«. Eine Person, die sich von Präferenzen oder Neigungen leiten läßt, wird kaum zugunsten des Sinnes gegen sie angehen. Derart geleitet, kann solch ein Mensch einfach unterentwickelt oder desorganisiert sein. Oder schlimmer noch: Wenn immer so gewählt wird, kann bewußt der Wert, *keine* Werte zu haben, etabliert werden. Ethisch gesprochen ist das Zynismus.

Die Angelegenheit der Werte ist heutzutage besonders wichtig. Tradition, Moral und Religion waren in vieler Hinsicht die kollektiven Richtlinien, die das normative Durchschnittsverhalten im Interesse des sozialen Systems »ausmittelten«. Mit der erhöhten Wechselwirkung von sozialen Gruppen, Nationen und Kulturen wurden diese Träger der Verhaltensnormen diffuser und in vieler Hinsicht widersprüchlicher. Die Verantwortung für eine *persönliche* Norm, für unsere transzendierenden Werte, obliegt immer mehr jedem einzelnen von uns.

Die Persönlichkeitskoordinante, mit welcher wir uns hier befassen, die Selbsttranszendenz, handelt also mit bewußt gewählten, durchgehaltenen Einstellungen oder Werten, als einem bona-fide-Motivierungsfaktor, nicht weniger als autonome Bedürfnisse und Triebe. Sie ist auf bewußte Entdeckung von Sinn in der konkreten Existenz gerichtet und geht über die Interessen des persönlichen Selbst hinaus. Deshalb die Bezeichnung »Selbsttranszendenz« (man könnte auch, um das Subjekt dieser Koordinante zu akzentuieren, von einem »transzendierenden Selbst« sprechen). Ihre vom Gefühl wahrgenommene Ausrichtung wird uns durch das Gewissen, den Archetyp der Ethik, angezeigt. Wie alle anderen Persönlichkeitskoordinanten hat es auch einen Bedürfnisaspekt – das existentielle Bedürfnis, das Bedürfnis nach einem widerspruchsfreien In-der-Welt-Sein. Es ist die höchste Ebene der Schichtenordnung der Persönlichkeitskoordinanten, die wir vom Standpunkt der Psychologie aus unterscheiden können. Die Frustration dieses Bedürfnisses ist das, was Frankl »existentielle Leere« nennt[31], die das Gleichgewicht der Persönlichkeit genauso ernsthaft stören kann wie jeder andere krankhafte Faktor. Unsere Selbsttranszendenz vermittelt in diesem Sinn unsere bewußte Beziehung zu dem äußeren »anderen«. Die Verwirklichung dieser archetypischen Gerichtetheit ist der kontingenteste Teil unserer Persönlichkeit, mit dem wir uns bis jetzt befaßt haben, der Teil, der dem freien, bewußten Willen am nächsten ist und am wenigsten von den zwingenden »Kräften« von unten, hinten und außen bestimmt wird. Gerade diese Freiheit schafft die Verantwortung. Es ist unsere verantwortliche Wahl unserer Werte, die unser existentielles Bedürfnis erfüllt und die Möglichkeiten auf dieser Ebene aktualisiert.

Was ich in diesem Abschnitt über die Selbsttranszendenz besprochen habe, liegt wahrscheinlich an der Grenze dessen, was vernünftigerweise in den Bereich der Persönlichkeitstheorie fällt. Die evolutionäre Entfaltung der Selbsttranszendenz in phylogenetischen Begriffen weist auf Gebiete der menschlichen Existenz hin, auf die sich nur wenige Persönlichkeitsforscher gewagt haben: das Leben des Geistes, wo das »große Werk«, das »Opus« geschaffen wird. In diesem Reich werden Persönliches und Transpersönliches eins, und seine Erkundung führt an die Domäne der Philosophie heran. C.G. Jungs Ausflüge auf dieses Gebiet erbrachten sein Konzept des »Selbst« als des Zentrums der psychischen Totalität und als des Archetyps, welcher die Verwirklichung des letzten Sinnes, der letzten Verbindung der Gegensätze *innerhalb* des Persönlichen und *mit* dem Transpersönlichen vermittelt. Es weist auf den Kern aller Existenz hin, nach dem alles Leben sich sehnt: Gleichgewicht, Gerechtigkeit, Schönheit, alles Große, das so fern und gleichzeitig so nah ist – der »Punkt Omega« Teilhard de Chardins[32].

Zusammenfassung

1. Das Selbst sucht aufgrund seiner Natur Konsistenz in den Grenzen *meiner* Bedürfnisse, *meiner* Ansichten. Dadurch wird der Zustand der Trennung zwischen meinem Selbst und meiner gesamten Umwelt geschaffen.
2. Die Selbsttranszendenz ist eine evolutionäre Expansion des Selbst, um die Konsistenz zwischen dem Selbst und der gesamten Umwelt miteinzuschließen. Die Struktur, auf der es beruht, ist das Gewissen als der Archetyp der Ethik.
3. Die Selbsttranszendenz bringt ein Bedürfnis nach einem sinnvollen In-der-Welt-Sein, ein existentielles Bedürfnis mit sich. Es ist die höchste Persönlichkeitsebene, die vernünftigerweise mit dem hier vorgestellten Modell untersucht werden kann.
4. Sinn wird verstanden als ein proaktiver, in nur eine Richtung gehender Trend, der über das Gleichgewicht jedes einzelnen Entwicklungsstadiums hinausführt in Richtung auf ein sinnvolles Werden. Der Sinn wird betrachtet als in der konkreten Situation jedes Entwicklungsstadiums enthalten. Er kann vom Selbst durch das intentionale Bewußtsein seiner selbst und der äußeren Situation im vollen Ausmaß der Möglichkeiten dieses Selbst entdeckt werden.
5. Werte werden als konsequent durchgehaltene freie Einstellungen zur Existenz angesehen. Da sie frei sind, schließen sie Verantwortung mit ein. Es können transzendierende Werte sein im Sinne des Transzendierens vom Sein zum Werden. Oder sie können auch zu Stagnation und Regression führen.
6. Das existentielle Bedürfnis, auf dem die Selbsttranszendenz beruht, ist wahrscheinlich schon seit der frühen Jugend vorhanden als gefühlte Verantwortung für eine bewußte Entdekkung von Sinn in der konkreten Lebenssituation.
7. Die Selbsttranszendenz geht außerdem in weitere transpersonale Strukturen über, die vorwärtsweisen auf die Einheit der ganzen Existenz.

Ausblick

Der Untersuchungsbereich hat sich auf die möglichen evolutionären Ursprünge der Untersysteme der Persönlichkeit und ihrer Funktion in der Persönlichkeit beschränkt. Ein Großteil der Arbeit, die zur Beschreibung dieser Subsysteme (hier »Persönlichkeitskoordinanten« oder »Persönlichkeitsebenen« genannt) notwendig war, wurde schon durch die unterschiedlich reduktionistischen Bemühungen der Persönlichkeitstheoretiker geleistet. Zu erklären, wie die Persönlichkeit funktioniert, und zwar auf Grundlage ihrer einzelnen Teile, war der unvermeidliche Ausgangspunkt. Ein Großteil der Persönlichkeitstheorien kann so klassifiziert werden, daß sie sich hauptsächlich auf die Bedürfnisse, Triebe und Instinkte, auf das Lernen, auf die Kognition, auf das Selbst oder auf die Selbsttranszendenz konzentrieren. Eines der Ziele meiner Untersuchung war die Identifizierung dieser Aspekte der Persönlichkeit, auf welchen viele reduktionistische Persönlichkeitstheorien basieren. Ein weiteres Ziel war es, die phylogenetischen Ursprünge dieser Aspekte zu erklären. Das dritte Ziel war, die Funktionen (Fähigkeiten) dieser Persönlichkeitsuntersysteme zu beschreiben und sie innerhalb der allgemeinen Struktur der Persönlichkeit zu orten. Dies geschah meist in ähnlicher Weise, wie man das Zentralnervensystem in Begriffen von phylogenetisch auftauchenden Strukturen beschreiben würde, wobei jedoch darauf zu achten war, die Persönlichkeit nicht mit dem Nervensystem gleichzusetzen.

Das hier dargelegte Material wird hoffentlich als Grundlage für eine umfassendere Persönlichkeitstheorie dienen. Es kann auch als Ausgangspunkt für die weitere Ausarbeitung folgender Themen dienen: Beziehungen zwischen Persönlichkeitssubsystemen, zwischen der Persönlichkeit und ihrer Umgebung (ihrer Umwelt) und zwischen der Persönlichkeit und den lokal kontrollierten Aspekten des Körpers (»Psychosomatik«); Funktionalität und Funktionsstörungen; Variationsbreite der Persönlichkeiten – eine Art Typologie. Außerdem könnte eine solche Persönlichkeitstheorie als Referenz für die Erforschung, Klassifizierung und Auswertung vieler psychotherapeutischer Techniken dienen, die sie zu den unterschiedlichen Funktionsstörungen und Persönlichkeitstypen in Beziehung setzt. Einige Vorüberlegungen dazu werden in dem Abschnitt »Auswirkungen« angestellt. Hier zunächst der erste Schritt:

Schlußfolgerungen

1. Das Systemdenken kann unter anderem als theoretische Annäherung an komplexe Phänomene betrachtet werden, das anerkennt, daß ein gewordenes Ganzes eine kausale Autorität über seine Teile haben kann. Dabei wird natürlich akzeptiert, daß die Teile einander und das Ganze beeinflussen. Aber es wird verneint, daß eine umfassende Beschreibung komplexer Phänomene, wie des Lebens, nur durch Analyse stattfinden kann, das heißt, indem man die Gesetze festlegt, die die kleinsten noch unterscheidbaren Elemente bestimmen. Die Kontroverse zwischen molaren und molekularen Ansätzen in der Psychologie hat *keine* Parallele in dem Unterschied zwischen organismischen (synthetische Gesetze) und reduktionistischen (analytische Gesetze) Ansätzen. Molares Denken meint die Benutzung von abgekürzten Sammel-Gesetzen der Wechselwirkungen und -beziehungen komplexer Phänomene, welche man ohnehin, wenn auch etwas später, mit Hilfe der analytischen Methode gefunden hätte. Das organismische Systemdenken akzeptiert das Auftauchen synthetischer (oder synergetischer) Gesetze, die prinzipiell nicht aus dem Elementaren abgeleitet werden können. Es ist

dem reduktionistischen Denken komplementär, indem es das »ganze Bild« herstellt.
Das Systemdenken wurde erfolgreich auf das Studium der interpersonalen Beziehungen angewandt, wobei die »Regeln« erhellt wurden, die manche Ereignisse innerhalb von Gruppen von Personen bestimmen (Gruppendynamik, auch Familientherapie wären Beispiele dafür). Aber dieses Denken wurde kaum auf den intrapersonalen Dynamismus angewendet. Aus dem Hauptteil der vorhergehenden Untersuchung kann man schließen, daß ein systemischer Ansatz für eine Persönlichkeitstheorie zwar sehr komplex, doch sehr wertvoll und wahrscheinlich derzeit der bestmögliche ist.

2. Die Persönlichkeitstheorie ist bis jetzt noch recht fragmentarisch. Entsprechend den wissenschaftlichen Paradigmen, die bis vor kurzem noch die theoretische Forschung beherrschten, waren die Persönlichkeitstheorien in unterschiedlichem Maß reduktionistisch gefärbt. Die meisten Theoretiker haben versucht, verschiedene Reihen von »harten Tatsachen« aufzustellen oder von grundlegenden Postulaten, auf welche sie ihre Modelle stützen konnten. In größerem oder geringerem Maß haben viele dazu tendiert, anderen Denkrichtungen überhaupt nicht Rechnung zu tragen oder sich bewußt von ihnen zu unterscheiden. Wenige haben es gewagt, die kausale Wirksamkeit neu auftauchender Phänomene zu akzeptieren, so wie es Jung, Maslow, Rogers, Frankl getan haben. Ohne die Gründlichkeit oder die Reichweite des psychoanalytischen Denkens vernachlässigen zu wollen, muß darauf hingewiesen werden, daß *Freud* die »wahre« und »letzte« Erklärung immer nur im Elementaren suchte. Er suchte sie, nacheinander, in der instinktiven Dualität von Ich und Eros; dann im Libido-Monismus und schließlich in dem Eros-Thanatos-Paar, wobei er jedoch immer das Elementare auf das Reich des Triebes und Instinktes verwiesen hat.
C.G. Jung hat eine sehr umfassende Theorie ausgearbeitet, mit großem Respekt vor dem grundsätzlich Unerkennbaren. Er

drang weit in das Elementare – die Archetypen – wie auch in das Synthetische – das kollektive Unbewußte – vor. Doch sagt er wenig über die alltäglichen Schwierigkeiten der interpersonalen Beziehungen, über das Lernen, die Kognition oder die Werte als bewußte Motive. Auf alle Fälle bezieht sich sein Werk in überwiegendem Ausmaße auf den Prozeß, mit dem »Gegebenen« fertig zu werden, mit den instinktiven oder geistigen Tatsachen, die uns auf dem Wege zur Individualisierung entgegentreten. Mit anderen Worten, die heroischeren Vorgänge in der Persönlichkeit haben sein Hauptinteresse gefesselt. Mit den weltlicheren, »unbedeutenderen« Aspekten des Lebens hatte er weniger Geduld.

Der *Behaviorismus* sucht nach einer positivistischen Definition der Ziele der Psychologie; er beschränkt sich anfänglich auf das objektiv Beobachtbare und betrachtet die funktionalen Aspekte des Organismus, einschließlich unserer Persönlichkeit, als eine sehr komplexe »black box«, deren Verhalten und Entwicklung durch »input-output«-Funktionen oder neurochemische Prozesse zu erklären wäre, die durch die verschiedenen Arten des *Lernens* modifizierbar sind. Diese Bemühungen erwiesen sich als ebenso produktiv wie restriktiv. Dieser Richtung gehören Denker wie Pawlow, Watson, Lashley, Hebb, Guthrie, Thorndyke, Hull und Skinner an. Einige, insbesondere Dollard und Miller, haben versucht, den Behaviorismus mit der psychoanalytischen Theorie zu verbinden, und sich auf die autonomen Aspekte des Innenlebens dieser »schwarzen Kiste« bezogen.

Die *Kognition* kam mit Tolmans »eingreifender Variablen« ins Spiel, einem klaren Verweis auf die Informationsverarbeitung in der »schwarzen Kiste«. Ein Großteil der Arbeit von Piaget, die »persönlichen Konstrukte« von Kelly und die späteren Arbeiten über die kognitive Theorie rechtfertigen die Kognition als Untersystem der Persönlichkeit und die Einbeziehung der Informationstheorie als hochrelevant für das Studium der Persönlichkeit. Festinger und Maslow verweisen sogar häufig auf ein »Bedürfnis zu wissen«.

Die mit dem *Selbst* (oder Ego) befaßten Autoren haben es als allmählich auftauchendes Untersystem der menschlichen Persönlichkeit erkannt, das relativ unabhängig tätig sein kann und in unterschiedlicher Weise mit der übrigen Persönlichkeit übereinstimmt oder ihr widerspricht. Diese Bemühungen begannen mit psychoanalytisch orientierten Autoren wie Hartmann, Erikson, Winnicott, Guntrip, Rappaport und Horney, wie auch mit anders orientierten, etwa Allport, Maslow und besonders Rogers. Die Aspekte des Selbst, die durch dessen Beziehung zu anderen beeinflußt werden, wurden ein Untersuchungsgegenstand für Sullivan, Horney, Fromm, Lewin, Rogers. Jenen Autoren, die sich mit den Grenzen des Selbst befaßten, wurde deutlich, daß die Persönlichkeit nicht von den Grenzen unserer Haut beschränkt wird. Darüber hinaus führte Goldsteins Konzept der Selbstverwirklichung zu einer viel weiter gefaßten Betrachtung der proaktiven Lebensrichtung, wobei man teilweise die Ideen Jungs über die Individualisierung aufgriff. Die »dritte Kraft«, die Humanistische Psychologie, die von Maslow gefördert wurde, wurde nun wirksam.
Die existentiellen Tendenzen beim Studium der Persönlichkeit (besonders May, Binswanger, Rogers, Frankl) griffen das Problem des Sinns für die in Beziehungen stehende Person auf und führten die Frage der *Selbsttranszendenz* ein (über welche auch Fromm viel zu sagen hatte).
Es dauerte auch nicht lange, bis geistige Erwägungen mit ins Spiel kamen. Die »vierte Kraft« in der Psychologie, die transpersonale Psychologie, arbeitet die geistigeren Aspekte von Autoren wie Jung und Assagioli aus und zieht auch die Theologie, Philosophie und die Einflüsse aus dem Orient in Betracht.
In letzter Zeit sind auch verschiedene Richtungen aufgekommen, die die dynamischen Elemente der interpersonalen Beziehungen menschlicher Systeme untersuchen, angefangen bei der Familie. Zunächst haben die meisten dieser Theorien sich auf die »schwarze Kiste« berufen und die intrapersonalen Aspekte von den interpersonalen getrennt. Es ist noch immer eine große

Herausforderung, eine tragende Brücke zwischen den beiden zu errichten, eine Bemühung, die sich höchstwahrscheinlich auf die Systemtheorie stützen wird.

Obwohl die Reihenfolge, in welcher die Strömungen der Psychologie auftraten, nicht unbedingt parallel zur chronologischen Folge ihrer Veröffentlichungen verlief, entspricht ihr Auftreten dennoch auch chronologisch ihrer Beliebtheit auf dem Gebiet der Psychologie. Wenn man die darunterliegenden wesentlichen Elemente betrachtet, ist die Reihenfolge die gleiche wie die der Schichtenordnung (und des evolutionären Auftauchens) der Persönlichkeitsstrukturkoordinanten: Bedürfnisse, Triebe/Instinkte, Lernen, Kognition, das Selbst und die Selbsttranszendenz. Der Parallelismus erstaunt weiter nicht. Die phylogenetisch ältesten Koordinanten sind auch die »mechanischsten« und verständlichsten; die jüngsten, insbesondere die Selbsttranszendenz, sind die kontingentesten und wissenschaftlich am wenigsten faßbaren. Es ist daher auch kein Wunder, daß die Psychologie sich zuerst für die handhabbareren Themen interessiert hat und die späteren Richtungen mehr philosophischen und sogar religiösen Charakters sind. Diese Überlegung selbst schon kann der Schichtenordnung, innerhalb welcher ich die verschiedenen Koordinanten der Persönlichkeitsstruktur gelagert habe, mehr Glaubwürdigkeit verleihen.

3. Es ist deutlich geworden, daß die Persönlichkeitsstruktur, die in der vorliegenden Untersuchung dargelegt wurde, als in der Evolution nacheinander auftauchende Elemente jene Aspekte enthält, auf welche sich viele Persönlichkeitstheoretiker bezogen haben. Einige, insbesondere die Behavioristen, haben nur einen dieser Aspekte ausgearbeitet: die erlernten Dispositionen. Andere wiederum haben mehrere behandelt, jeden einzelnen für sich oder Kombinationen von ihnen.

In ähnlicher Weise könnte man auch die psychotherapeutischen Techniken daraufhin untersuchen, welche Teilebenen der Persönlichkeitsstruktur erfaßt werden.

4. Die Realität der Persönlichkeitsstruktur, so wie sie beschrieben wurde, ist schwer zu beweisen. Das heißt, es ist unwahrscheinlich, daß die empirische Forschung einen bestätigenden Beweis erbringen kann. Der Nutzen dieser Struktur liegt in ihrer Fähigkeit, das bestehende Wissen zu organisieren, und diese Fähigkeit ist evident. Es gibt jedoch eine mögliche Beweisquelle, die mit einem Aspekt der neurologischen Forschung vergleichbar ist. Die Untersuchung der Evolution des Zentralnervensystems beschreibt dieses in einer strukturellen Schichtenordnung, die dem dargestellten Persönlichkeitsmodell ähnlich ist. Die verschiedenen strukturellen Ebenen und Funktionen, von den phylogenetisch ältesten Reflex-Funktionen des Rückenmarks über die instinktiven, konditionierten und emotionalen bis zu den komplexeren logischen Funktionen des Großhirns, haben wirklich ein große Ähnlichkeit.

Ein Beweisstück vor allem könnte diesen Parallelismus erhellen. Ich habe eine Trennlinie zwischen den autonomen und den kontingenten Koordinanten gezogen: Die autonome Schichtenordnung hört bei den Instinkten und jenen erlernten Dispositionen auf, die unter »niedrigen« Koordinanten organisiert sind. Die kontingente Ordnung beginnt mit jenen Dispositionen, die auf einer primitiven Kognition beruhen, und reicht bis zum Selbst und zur Selbsttranszendenz. Eine ähnliche Trennlinie scheint die evolutionäre Entstehung des Großhirns, des Telencephalus, zu sein.

Dieses hat bei den Wirbeltieren einen Ursprung, der von dem Ursprung des übrigen Zentralnervensystems verschieden ist, und führt etwas wesentlich »Neues« ein, die logischen Funktionen. Das Großhirn ist wahrscheinlich *kein* innerer Teil des primitiven Nervenrohres, wie der Bulbus, das Zwischenhirn und der Diencephalus. Das Großhirn hat, anstelle einer progressiven, evolutionären, strukturellen Differenzierung in sukzessiv höheren Wirbeltierklassen, Spezialisierungen seiner verschiedenen Strukturen entwickelt. Eine solche Entwicklung ist die Großhirnrinde, die bei dem Menschen und den höheren Wirbeltieren einen sechsschichtigen Aufbau erkennen läßt, der mit diesen Spezialisierungen in Verbindung gebracht wird[1]. Es ist möglich, daß diese anatomische, in der Evolution entstandene Trennlinie zwischen dem Großhirn und den anderen Teilen des Zentralnervensystems den zwei Schichtenordnungen der Persönlichkeitsstruktur entspricht. Wahrscheinlich ist die hauptsächliche funktionale Kapazität des Großhirns, so wie es sich in der Großhirnrinde differenziert hat, seine assoziative Kapazität[2]. Die Wirbeltiere und die höher entwickelten Gattungen zeigen ein deutliches Ansteigen der assoziativen Kapazität, die für das Gedächtnis und die Kognition wesentlich ist. Die älteren Organismen hingegen beruhen auf den Reflexen, konditionierten Reaktionen und Instinkten, die sich auf Gehirnstrukturen stützen, die älter als das Großhirn sind.

Es scheint möglich, daß eine interdisziplinäre Anstrengung zwischen den Persönlichkeitstheoretikern und den Evolutionsneurologen von Nutzen sein könnte.

Tabelle 1 zeigt einige der Kontinua, die vorher besprochen wurden.

5. Mit der Erarbeitung eines Persönlichkeitsstrukturmodells habe ich versucht, die wesentlichen Elemente vieler bestehender Persönlichkeitstheorien und Ansichten über das menschliche Wesen in ein kohärentes Ganzes zusammenzufassen. Ich glaube, daß ich dies, wenn auch auf einer bescheidenen Ebene, erreicht habe. So wie die verschiedenen Ebenen der Persönlichkeit ineinanderfließen analog zu ihrem evolutionären Auftauchen, könnte man auch sagen, daß die scheinbar divergenten psychologischen Theorien über die Person im Wesentlichen komplementär sind.

<table>
<tr><th>Denkrichtung</th><th>Koordinante der Persönlichkeits-struktur</th><th>Ordnung</th><th>Kontinua</th></tr>
<tr><td>Transpersonale Psychologie und Existentielle Richtungen</td><td>Selbsttranszen-denz</td><td rowspan="6">Chronologische Ordnung des phylogenetischen Auftauchens →
Chronologische Ordnung der ontogenetischen Zentralität →</td><td rowspan="6">← Autonomer oder unwillkürlicher kontingenter/willkürlicher →
← physiologischer psychologischer/philosophischer →
← lokaler kontrolliert zentraler kontrolliert →
← einfachere Organisation komplexere Organisation →
← Materie-Energie-intensiv informationsintensiv →</td></tr>
<tr><td>Ich-Psychologie und Richtungen, die das Selbst in den Mittelpunkt stellen</td><td>Selbst</td></tr>
<tr><td>Kognitive Psychologie</td><td>Kognition</td></tr>
<tr><td>Behaviorismus</td><td>Erlernte Dispositionen</td></tr>
<tr><td>Analytische Psychologie (Jung) und Psychoanalyse (Freud)</td><td>Triebe und Instinkte</td></tr>
<tr><td>Frühe Formulierungen</td><td>Bedürfnisse/ Körper</td></tr>
</table>

Tabelle 1: Parallelismus zwischen der Schichtenordnung der Persönlichkeitsstruktur und verschiedenen Ordnungen und Kontinua

Auswirkungen

1. Der systemische Ansatz einer Persönlichkeitstheorie, wie er in dieser Untersuchung verwendet wird, schafft eine Reihe von recht beunruhigenden, deshalb aber auch nicht weniger herausfordernden Problemen. Eines davon ist, daß viele der Konzepte und Definitionen, die auf dem Gebiet der Psychologie eingesetzt werden, neu gestaltet werden müßten, um sie der Ansicht anzupassen, daß die *Information*, als eigenständiges Element der Realität, ebensoviel zum Studium der Person beiträgt wie die Kategorien Materie/Energie, Raum, Zeit, Bewegung usw. Durch diese Tatsache werden viele derzeitige psychologische Konzepte völlig durcheinandergebracht. Es bedarf einer klaren Trennung dieser psychologischen Kategorien (zusätzlich zu den methodologischen wie Kausalität, Kausalitätszirkel, Komplexität, Organisation, analytische und synthetische Gesetze usw.), um eine umfassende Persönlichkeitstheorie auszuarbeiten. Ohne zu weit in diese Probleme vorzudringen, möchte ich den verwirrenden Zustand der Dinge illustrieren an Hand eines der gebräuchlichsten Begriffe der Psychologie: des Verhaltens.
Was ist »Verhalten«? Wenn man die offensichtlicheren und einfacheren Definitionen beiseite läßt (etwa: »Verhalten ist eine Veränderung des Organismus, die beobachtet wird oder beobachtet werden kann«), könnte man eine allgemeinere Materie-Energie-Zeit-Raum-Definition nehmen: Das Verhalten ist eine Veränderung des Materie-Energie-Zustandes des Organismus, die man beobachten kann oder auch nicht. Wenn wir, nur als Gedankenexperiment, ausreichend verfeinerte Instrumente zur Verfügung hätten, könnten wir in jedem einzelnen Augenblick sämtliche sichtbaren (oder sonstwie meßbaren) Veränderungen in einer Person aufzeichnen – und das Gesamtbild würde das Verhalten dieser Person darstellen. Man müßte dabei wirklich alle Einzelheiten berücksichtigen, wie Änderungen der Pulsfrequenz, endokrine Absonderungen, Bewegung, Verständigung, die wahrnehmbar ist usw. Nehmen wir einmal an, es handle sich

um einen uns so vertrauten Vorgang wie das Nachdenken über eine schwierige Situation, bei dem sowohl eine Schlußfolgerung als auch eine Festlegung des zukünftigen Handelns herauskommt. Was kann man an diesem Vorgang beobachten? Wenn man von den physiognomischen Veränderungen der beobachteten Person einmal absieht (weil sie ohne Deutung unverständlich sind), nichts – außer einer Veränderung des *Schemas* der Zustandsbeziehungen zwischen einer Reihe von Neuronen in dem Gehirn des beobachteten Organismus. Und doch kann diese Veränderung eine entscheidende Auswirkung auf das beobachtete Individuum haben, etwa wenn die Entscheidung lautete, Selbstmord zu begehen. Ist das ein »Verhalten«? Ich meine, ja. Aber die Veränderungen von Materie und Energie, die von unseren empfindlichen Instrumenten verzeichnet werden, sind nicht das eigentliche Verhalten, sondern nur die Träger der Gedankenschemas. Die Veränderungen der Neuronen sind ohne Sinn, solange sie nicht mit der Informationstheorie in Verbindung gebracht werden, um die Informationscodes zu entziffern, die in den aufgezeichneten *Schemas* von Informationsbits enthalten sind.

Das Verhalten kann auch als eine Veränderung im Gesamtzustand des Organismus bezeichnet werden, und dies würde dann auch den Zustand der Informationsvorgänge miteinbeziehen. Und natürlich müßten auch so unorthodoxe Vorgänge wie Schlußfolgern, Problemelösen, Zweifeln usw. einbezogen werden oder auch die Kombination dieser Tätigkeiten mit Emotion, die Gefühle. Wie Sie sehen, gehen wir schon über die bequemen Konstrukte der psychologischen Theorien hinaus.

Aber weiter: Was ist »Motivation«? Eine Definition stellt sie als eine Kombination von Umweltfaktoren, inneren Trieben und äußeren Anreizen dar, die das Verhalten motivieren[3]. So verwirrend dies auch sein mag, man könnte auch ein neunhundert Seiten dickes Buch über Motivation lesen und keine passende Definition finden. Daher wollen wir lieber bei dem einfacheren Konzept »Motiv« bleiben.

In gewisser Weise ist ein Motiv der zeitliche Vorläufer des Verhaltens. Aber das Verhalten kann auch Motiv für weiteres Verhalten sein. Wenn ich zum Beispiel den Kuchen meiner Frau probiere (Verhalten), möchte ich mehr davon (Motiv). Bei der Motivationstheorie zerschneiden wir den »Kuchen« der Motiv-Verhalten-Sequenz so, daß die Stücke zu unseren Forschungsbedürfnissen passen. Eine geordnetere Weise, diesen Kuchen aufzuschneiden, wäre es, sich auf die Gleichgewichtstheorie zu beziehen, wie es für viele Aspekte der Motivierung bereits erfolgreich getan wurde. Wir könnten dann sagen, daß ein Motiv vorhanden ist, wenn es einen Ungleichgewichtszustand bezüglich einer spezifischen Bedürfnisstruktur (physiologisch, informationsmäßig oder in anderer Hinsicht) gibt. Das Verhalten wäre dann eine Veränderung, die darauf ausgerichtet ist, diese Bedürfnisstrukturen zur Stabilität zurückzuführen.

Das wäre jedoch noch nicht ausreichend. Es gibt ja auch noch die Proaktivität, die Selbstverwirklichung, den Sinn. Ich habe das Wesen dieser Konzepte definiert als die Homöostase der umfassenderen Systeme, die dem in Frage stehenden Subsystem übergeordnet sind oder es enthalten. Aber diese Idee bedarf einer gesonderten Untersuchung.

Ein Großteil der in der Persönlichkeitstheorie verwendeten Terminologie müßte also neu definiert und klassifiziert werden, um bei ihrer Beschreibung auch das Konzept Information miteinbeziehen zu können. Tabelle 2 zeigt versuchsweise, wie viele Begriffe schon implizit zwischen Materie-Energie- und Informationsprozessen unterscheiden. Diese Übersicht ist nichts weiter als ein Versuch, in der psychologischen Terminologie genauer zu sein.

2. Eine Persönlichkeitstheorie, die als Fortsetzung dessen, was in diesem Buch dargelegt wurde, strukturiert wird und die Systemtheorie als ihr wesentliches Werkzeug verwendet, würde die Themen »Motivation« und »Verhalten« einfach als »Persönlichkeits*funktionen*« miteinbeziehen, wobei »Funktion« ein kurz-

Materie-Energie/Bewegung ⟵ Kontinuum ⟶ Information

STRUKTUR	Intra-persönlich	Körper Morphologie	Psyche Bedürfnisstrukturen Instinkte Lernen, kognitive Strukturen Selbst-Struktur — Archetypen
	Inter-persönlich	Physische Umgebung Welt	Kollektives Unbewußtsein Kollektives Bewußtsein Soziale Normen, Sitten Kultur, Tradition

Materie-Energie/Bewegung ⟵ Kontinuum ⟶ Information

FUNKTION	Intra-persönlich	Physiologie/Emotion Bedürfnisse Motive Verdecktes physisches Verhalten	Verdecktes Informations-verhalten (Lernen, Denken, etc.) Bewerten
		— Gefühl —	
	Inter-persönlich	Physische Wechselwirkung – Wechselbeziehung – Verständigung Anreize	

Materie-Energie/Bewegung ⟵ Kontinuum ⟶ Information

PROZESS	Intra-persönlich	Physisches Altern	Reifen Entwicklung Selbstverwirklichung	Wissen Weisheit
	Inter-persönlich	Modifizierung der physischen Umwelt Geographischer Wechsel	Ökologische Veränderung	Soziale Bedeutung

Tabelle 2: Eine Systemsicht der psychologischen Begriffe

fristiger Prozeß ist. Die Persönlichkeitsfunktion würde sich wahrscheinlich auf ein Vektor-Modell stützen, das möglicherweise komplexe Variablen umfaßt, um die homöostatischen und die proaktiven Funktionen einander anzupassen. Es wäre unvermeidlicherweise ein unvollständiges Modell, wie das alle Persönlichkeitstheorien sein müssen, da sie grundsätzlich unfähig sind, die Unvorhersagbarkeit der höchsten Persönlichkeitskoordinanten oder Bedürfnisstrukturen zu erfassen.

Das Thema der Entwicklung, des langsamen Persönlichkeits*prozesses,* könnte viel einfacher in Systembegriffen behandelt werden. Die Entwicklungspsychologie hat schon das meiste Material bereitgestellt, das neu organisiert werden müßte vom systemischen Ansatz her. Die sich überlagernden, in sich geschichteten Zwillingsordnungen der Persönlichkeitssubsysteme oder der Bedürfnisstrukturen würden, wie wir schon gesehen haben, als genetisch erworbene leere Formen betrachtet, die individuell durch die Erfahrung »ausgefüllt« werden. Dieses Schema der Entwicklungsstufen oder der Bedürfnisstrukturen gleicht nicht einem Hürdenlauf, bei dem ein Hindernis nach dem anderen überwunden werden muß, sondern eher einem Baugerüst, über welches das gebündelte Zentrum eines diffusen Lichtstrahles – die gegenwärtige Erfahrung – langsam nach oben streicht. *Alle* Bedürfnisse, einschließlich des immer vorhandenen Bedürfnisses nach Sinn, werden in jedem Augenblick des Entwicklungsverlaufes unterschiedlich stark beleuchtet. Diejenigen, die im Zentrum sind, werden am stärksten beleuchtet und die an der Peripherie am schwächsten. Während der Lichtstrahl der Gegenwart über das Lebensgerüst des einzelnen streicht, werden die erleuchteten Bedürfnisse zu »bekanntem Terrain« oder zu »hygienischen« Bedürfnissen (Maslow und Herzberger). Die Entwicklung schreitet zu »höheren« Bedürfnissen fort, die bisher im Dämmerlicht lagen. Es ist absolut nicht erstaunlich, daß Kinder um die höchsten Werte besorgt sind oder von der Sinnfrage im Leben beunruhigt werden, während ältere Menschen manchmal das Bedürfnis haben, wie Kinder zu leben.

Die Themen der »Normalität«, des funktionalen oder nicht funktionalen (gestörten) Lebens müßten natürlich auch einbezogen werden. Auch in diesem Zusammenhang wären die bestehenden Konstrukte über »geistige Gesundheit« und Psychopathologie ziemlich umfassend zu überarbeiten. Die Verwirrung auf diesem Gebiet ist wahrhaft eindrucksvoll. Mit Ausnahme der methodischen Klärung, die von der physiologischen und experimentellen Psychologie durchgeführt wird, ist die Psychopathologie immer noch (trotz der DSM III) ein Dschungel von Klassifizierungen, wovon einige symptomatisch, andere wiederum kausal sind, mit verwirrenden Abgrenzungen und nachlässigen Berufungen auf Autorität und Tradition. Die »psychogenen« Störungen können meiner Meinung nach *immer* als mehr oder weniger starkes Fehlen von Sinn gesehen werden, das auf eine Vielfalt von Ursachen zurückzuführen wäre (wobei hier »Sinn« entsprechend der Definition im Abschnitt »Selbsttranszendenz« zu verstehen ist). Die symptomatischen Konsequenzen des Sinnverlustes hängen vom angeborenen »Temperament« ab (leider habe ich keinen besseren Ausdruck). Sinnverlust über eine »normale« Depression und normale Angstzustände hinaus (die als vorübergehende Regression angesehen werden können – reculer pour mieux sauter), führt zu einer Eskalation der positiven Rückkopplungsbeziehung zwischen der Temperamentseinstellung und der Reaktion der Umwelt, wobei die bevorzugte Temperamentseinstellung verschärft wird, was wiederum zu immer schlechter angepaßten und regressiveren Zuständen führt. Diesen Vorgang habe ich an anderer Stelle beschrieben[4]. Daß es tatsächlich eine »Präferenz« für spezifische Formen der Neurosen und Psychosen je nach der Typologie gibt, ist schon eine alte Tradition (Jung, Eysenck, Shapiro).
»Geistige Gesundheit«, »funktionales Leben« und »Selbstverwirklichung« andererseits wären neu zu definieren als die Fähigkeit, Sinn im Leben zu entdecken und auf die Frage des Lebens hier und jetzt zu antworten. Dafür sind wir als Kinder am wenigsten verantwortlich, doch nimmt die Verantwortung

zu, je mehr wir mit den Tatsachen unseres Schicksals vertraut werden.
Das Thema des »Temperaments« wäre dann auch ein Zentralthema für die Ausarbeitung einer Theorie über das funktionale und gestörte Leben. Es überrascht nicht, daß die Klassifizierung von Hippokrates, die teilweise auch von Jung und Eysenck aufgegriffen wurde, dafür einen guten Ausgangspunkt abgäbe, denn dessen Einsichten enthalten bleibend Gültiges. Unter der Überschrift »Triebe und Instinkte« habe ich im dritten Kapitel die Grundlage für eine auf dem Temperament beruhende Typologie gegeben, die gleichzeitig als Matrix für die Klassifizierung der Emotionen dient. Eine Korrelation zwischen den »bevorzugten« Störungen der verschiedenen Temperamentstypen und den traditionellen psychopathologischen Kategorien herzustellen, scheint durchaus möglich zu sein.
Letztlich (und hoffentlich) wäre es möglich, eine Beziehung herzustellen zwischen der Effektivität der verschiedenen grundlegenden psychotherapeutischen Techniken und den Temperamentstypen einerseits, den Persönlichkeitsebenen andererseits, auf welchen die Störungen ihren Ursprung haben. Diese Bemühungen beruhen derzeit hauptsächlich auf Intuition und professioneller Erfahrung, wurden aber theoretisch und empirisch bisher kaum erforscht; lediglich DiLoretos »Comparative Psychotherapy« wäre hier zu nennen[5] und vielleicht noch die eine oder andere Arbeit, die meiner Aufmerksamkeit entgangen ist.
Die wissenschaftliche Psychotherapie braucht auch das Gegenüber des praktischen Arztes, der, abgesehen vom »Gesundmachen«, den Patienten auch an den Spezialisten verweisen kann, der ihm am besten helfen kann. Die Zeit des »all-round«-Psychotherapeuten ist abgelaufen. Aber ein zusammenhängendes, umfassendes theoretisches Modell, das als Führer dienen kann, fehlt noch immer. Die Aufgabe ist wahrlich überwältigend, doch sollte der Versuch unternommen werden.

Anmerkungen

Kapitel I

1 Eine ausgezeichnete Erklärung der Konsequenzen des Bellschen Theorems und des EPR-(Einstein-Podolsky-Rosen-)Experiments im Zusammenhang der hier dargelegten Weltsicht hat Fritjof Capra gegeben. Nach Henry Stapp von der University of California beweist das Bellsche Theorem, daß die Welt »entweder grundlegend gesetzlos oder grundlegend untrennbar« ist. Das Bellsche Theorem stellt fest, daß unter bestimmten Umständen subatomare Teilchen, in diesem Fall ein Elektron, auf ein anderes Elektron einwirken kann, und zwar unabhängig von der Entfernung zwischen ihnen und ohne Energie- oder Informationsübertragung in dem Sinn, in dem wir diese Begriffe verstehen. Vgl. Capra, F., The Turning Point. New York 1982, S. 83-85. (Deutsche Ausgabe: Wendezeit. München 1983.)

2 Harari, H., referiert in: Science and the Citizen. Scientific American 244, 2/1981.

3 Weber, E. J., Free Will, Determinism and Consciousness. Unveröffentlichtes Manuskript.

Kapitel II

1 Chaplin, J. P., Dictionary of Psychology. New York 1968, S. 356.

2 Fodor, J. A., The Mind-Body-Problem. Scientific American 244, 1/1981, S. 124-132.

3 Sperry, R., Messages from the Laboratory. Engineering and Science 137, Nr. 3.

4 McCosker, J. E., Flashlight Fishes. Scientific American 236, Nr. 3, S. 106-115.

5 Diese Ideen über die Evolution sind einigen Aspekten der »genetic assimilation« von C. H. Waddington analog, aus seiner Arbeit mit der Drosophila Bithorax. Vgl. Waddington, C. H., Evolution in the Subhuman World, Kap. I/1 in: Evolution and Consciousness, hrsg. von Jantsch, E. und C. H. Waddington, London 1976.

6 Jung, C. G., Zur Psychologie westlicher und östlicher Religionen. Gesammelte Werke Bd. 11, Zürich 1963, S. 526ff.

7 Prigogine, I., From Being to Becoming. San Francisco 1980.

Kapitel III

[1] Maslow, A. H., Motivation and Personality. New York 1954. (Deutsche Ausgabe: Motivation und Persönlichkeit. Olten 1977.)
[2] Erikson, E. H., Childhood and Society. New York 1950. (Deutsche Ausgabe: Kindheit und Gesellschaft. Stuttgart 1957 u.ö.)
[3] Erikson hat seine Polaritätsbegriffe in verschiedenen Arbeiten mehrfach variiert. Die hier wiedergegebenen finden sich in: Erikson, E. H., Identity and the Life Cycle, 1959; deutsch: Identität und Lebenszyklus, Frankfurt/M. 1966, S. 55ff.
[4] Bateson, G., Mind and Nature. New York 1979, S. 51-53. (Deutsche Ausgabe: Geist und Natur. Frankfurt/M. 1982, S. 61ff)
[5] Teilhard de Chardin, P., Le Phénomène humain; deutsch: Der Mensch im Kosmos. München 1959, S. 262ff.
[6] Thorpe, W. H., Learning and Instinct in Animals. Cambridge 1963.
[7] Jung, C. G., Die Archetypen und das kollektive Unbewußtsein. Gesammelte Werke Bd. 9/1, Olten 1976, S. 412.
[8] Ebd. S. 48.
[9] Ebd. S. 79.
[10] Ebd. S. 80.

Kapitel IV

[1] Hebb, D. O., The Social Significance of Animal Studies. In: G. Lindzey (Hg.), Handbook of Social Psychology Bd. II. Reading, Mass. 1968, S. 729-774.
[2] Premack, D., Reinforcement Theory. In: Levine, D. (Hg.), Nebraska Symposium on Motivation. Lincoln 1965, S. 123-180.
[3] Zitiert nach Koestler, A., The Act of Creation. New York 1967, S. 506. (Deutsche Ausgabe: Der Göttliche Funke – Psychologie der schöpferischen Originalität, 1966.)
[4] Rogers, C. R., A Theory of Therapy, Personality, and Interpersonal Relationships, as developed in the Client-Centered Framework. In: Koch, S. (Hg.), Psychology: A Study of a Science Bd. III, New York 1959, S. 184-256.
[5] Koehler, W., The Mentality of Apes. London 1957.
[6] Kelly, G., A Theory of Personality. The Psychology of Personal Constructs. New York 1963, S. 12.
[7] Frisch, K. von, The Dance Language and Orientation of Bees. Cambridge, Mass. 1967.

[8] Watzlawick, P., The Language of Change. New York 1978, S. 66. (Deutsche Ausgabe: Die Möglichkeit des Andersseins. Bern ²1982.)
[9] Sperry, R., Messages from the Laboratory. In: Engineering and Science, Pasadena, Cal., Bd. XXXVII Nr. 3, S. 29-32.
[10] Bateson, G., Mind and Nature. New York 1980, S. 31. (Deutsche Ausgabe: Geist und Natur. Frankfurt/M. 1982, S. 39)
[11] Festinger, L., The Motivating Effect of Cognitive Dissonance. In: Lindzey, G. (Hg.), Assessment of Human Motives. New York 1970, S. 50.
[12] Maslow, A., Motivation and Personality. New York 1970, S. 50. (Deutsche Ausgabe: Motivation und Persönlichkeit. Olten 1977.)
[13] Wolfe, J. B., Effectiveness of Token Rewards for Chimpanzees. Comparative Psychology Monographs Bd. 12, Nr. 5 (1936).
[14] Eliade, M., The Sacred & Profane – The Nature of Religion. New York 1959, S. 29-32. (Deutsche Ausgabe: Das Heilige und das Profane. Frankfurt/M. 1984.)
[15] Teilhard de Chardin, P., Le Phénomène humain; deutsch: Der Mensch im Kosmos. München 1959, S. 151.
[16] Grinberg-Zylberbaum, J., El despertar de la conciencia. México, D. F., 1978, S. 252.
[17] Rogers, C. R., a.a.O. (vgl. Anm. 4), S. 200.
[18] Ebd. S. 203.
[19] Freud, S., Vorlesungen zur Einführung in die Psychoanalyse. Gesammelte Werke Bd. 11. Vgl. auch Bd. III der Freud-Studienausgabe (Frankfurt 1975), der unter dem Titel »Psychologie des Unbewußten« alle wichtigeren einschlägigen Arbeiten enthält.
[20] Jung, C. G., Synchronizität als ein Prinzip akausaler Zusammenhänge. Zürich 1952.
[21] Franz, M. L. von, Spiegelungen der Seele. Projektion und innere Sammlung. Stuttgart 1978.
[22] Koestler, A., a.a.O. (vgl. Anm. 3), S. 271-284.
[23] Ebd. S. 297f.
[24] Frankl, V. E., The Unconscious God. New York 1975, S. 33. (Deutsche Ausgabe: Der unbewußte Gott. München ⁶1985.)
[25] Dass, R., The Only Dance There Is. New York 1974, S. 30.85.88.
[26] Frankl, V. E., The Will to Meaning. New York 1970, S. 69. (Deutsche Ausgabe: Der Wille zum Sinn. Bern ³1982.)
[27] Frankl, V. E., Psychotherapy and Existentialism. Middlesex/GB 1973, S. 15.
[28] Frondizi, R., ¿Que son los valores? México, D. F., 1979, S. 205-222.
[29] Frankl, V. E., The Will to Meaning, a.a.o., S. 57.
[30] Frankl, V. E., The Unconscious God, a.a.O., S. 36.
[31] Ebd. S. 90-92.

[32] Teilhard de Chardin, P., Yo me explico, in: P. Jesus Aguirre (Hg.), El futuro de la verdad (von J.-P. Demoulin ausgewählte und geordnete Texte). Madrid 1969, S. 83f.

Ausblick

[1] Sarnat, H., Netsky, M., Evolucion del sistema nervioso. Madrid 1976, S. 307.
[2] Ebd. S. 334.
[3] Nach Cofer, C., Appley, M., Psicologia de la motivacion. México, D. F., 1976, S. 16.
[4] Weber, E. J., La voluntad de validacion. Diss. México, D. F., 1980, S. 224-253.
[5] DiLoreto, A., Comparative Psychotherapy. Chicago 1971.